# 不懂投资理财，你就穷忙一辈子

投资创造财富·理财改变命运

李昊轩 著

中国商业出版社

图书在版编目（CIP）数据

不懂投资理财，你就穷忙一辈子 / 李昊轩著 .—北京：中国商业出版社，2014.8

ISBN 978-7-5044-8662-2

Ⅰ.①不… Ⅱ.①李… Ⅲ.①私人投资—通俗读物
Ⅳ.① F830.59-49

中国版本图书馆 CIP 数据核字（2014）第 157654 号

责任编辑：朱丽丽

中国商业出版社出版发行
010-63180647 www.c-cbook.com
（100053北京广安门内报国寺1号）
新华书店总店北京发行所经销
北京市京东印刷厂印刷
*
710×1000毫米 16开 14印张 186千字
2014年9月第1版 2015年2月第2次印刷
定价：32.00元
* * * *
（如有印装质量问题可更换）

# 前言

PREFACE

你是不是有这样的境遇：一天到晚辛辛苦苦地忙，一年到头钱不够花！……你没钱买房子、买车子，有的甚至没有钱养孩子！看看自己，也不是不勤劳，一天忙到晚，可就是一直受穷。很多人会这样问自己：

为什么和别人同样的起点，若干年后论财富却相形见绌？

为什么和他们挣的一样多，生活质量却差距甚大？

为什么自己最大限度地省吃节用，但银行的存款还是少得可怜？

为什么自己越忙越穷、越穷越忙，而他们却悠然自得，好像从来不曾为钱发愁？

……

其实答案很简单，因为他们都是“理财高手”，自己不懂理财，只能是穷忙。穷，不是你不够节省，不是你的薪资太少，不是你的开销太大，更不是你不够勤劳，而是很多人不会理财。当一个人只会获得一些“死钱”的时候，他一定富不起来。因为这些人像鸵鸟一样只知埋头苦干，却不懂得如何去投资理财，如何钱生钱；有的人过分强调储蓄，像守财奴一样不惜以牺牲生活水准为代价，看起来财富尽在掌中，实则不懂得钱的道理；有的人财源滚滚，但却挥霍无度，没什么保障的观念，并且把自己对钱的理解潜移默化地传给下一代。这些人缺的正是财商——理财的智慧和能力。他们缺少财商，但丝毫没有意识到这一点；他们财商比较低，偏重于某一项才能，但从未想过均衡发展。

人们常说，进攻是最好的防守。在与财富的较量中，一味地防守是下下策，随着经济的增长和财富的积聚，资金如果没有流动，就会有贬值的危机。如果希望资金在短时间内不贬值甚至还能增值，那就应该让它流动起来。在财富路上，我们不能让生活处于被动状态，要积极主动地运作资金，将它们放置在可以增值的地方，也许可以看到攻大于守的效果。

世界上任何一个财富巨子的财富之路都是靠资金的快速流动才增长起来的。如果他们没有魄力做出决定，只死守着一部分资金等待，就不会成为今天问鼎财富之巅的人。

人们常说，"缺什么补什么"，本书正是综合了理财方面的各种门道、方法和技巧，在如何才能"钱生钱"等技巧方面进行了详细的说明和指导，目的就是为大众补充理财方面的知识。本书可以帮你树立正确的理财观念，端正理财态度。书中阐述了多种理财方式的基本知识，并提供了很多实用的理财建议和成功案例。希望读者阅读完之后，能够对理财有全新的认识和全面的了解，并能够有一定的理财能力，积累起属于自己的那一份财富。

# 目录
CONTENTS

## 上篇 花点时间补点财商，你会越忙越富有

## 第七辑 黄金投资风险小，是你理财的“稳压器”



## 第八辑 存钱不如存点艺术品，多点品位少点铜臭味

# 上篇

# 花点时间补点财商，你会越忙越富有

有句俗语说得好：“你不理财，财不理你”。如果不能科学地打理好自己的钱财，最后受穷的必然是自己。只有注重理财，积累理财知识，进行理财实践，提高理财能力，合理地安排自己的资产，才能够获得所期望的回报，让个人财产增值。理财其实很简单，要正确地规划自己的理财方案，明确自己的目标，制订好短期的和长远的理财计划。清楚明了的规划是理财的基础。为了理财的成功，还需要积累各种理财方式的基本知识，在五花八门的理财方式中选择最适合自己的。

# 第一辑
# 忙来忙去都是空忙：穷人为什么穷？

越忙挣得就越多，自己就会越富有——这似乎是一个真理。所以很多人为了改变贫穷的命运会拼命去忙，但现实总会和人开玩笑，最后他们发现：自己忙来忙去都是空忙！为什么有些人会越忙越穷？因为他们的心是贫穷的。

## 穷人只问钱多钱少，不问如何生金

富人所以能够拥有财富，占有更多的资源，往往是因为富人的思维观念，他们更在乎的是赚钱的方法，而穷人在乎的是赚多少钱。而富人则不同，他们认为只有掌握了赚钱的方法才有成功的可能，就算是偶尔失败了，如果方法正确，还会有东山再起的那天。

很多穷人有很多不切实际的幻想，想花两元买一注彩票，中了大奖就会得 500 万元；如果拿去投资，又会赚 500 万元。几年下来，这不就成了李嘉诚第二了吗？于是，拼命买彩票，沉溺于这种致富概率低的行为。于是，穷人花在彩票上的钱，往往远远多于富人。

穷人们更应该明白，赚钱并不像想象的那么简单。

富人赚钱，总保持着清醒的头脑，研究赚钱的方法和规律。面对现实来做出正确的选择，又在实践过程中不断调整计划，避免失败。

美国食品大王鲍洛奇是白手起家的亿万富翁，他最初在一家食品店帮人卖水果。有一次，食品店里20箱香蕉被一场意外的大火烤得黄里带黑。老板让鲍洛奇降价出售。

面对这个任务，一开始鲍洛奇就感到为难，他硬着头皮将香蕉摆到了摊上。然而，人们一看香蕉的模样，就失望地走开。不管鲍洛奇使出怎样解释，都无济于事。傍晚，鲍洛奇把嗓子都喊破了，连一根香蕉也没卖出去。

到了夜里，又累又沮丧的鲍洛奇守着香蕉睡不着觉了。他若有所思地起身仔细检查了一遍。香蕉并没有变质，只是在香蕉皮上有些黑点，因为烟熏火烧，吃起来反而别有风味。鲍洛奇灵机一动，计上心来。

第二天，鲍洛奇就又把香蕉摆了出来大声叫卖，只是吆喝的内容与前一天相同："快来瞧，快来看，最新进口的阿根廷香蕉，全城独此一家，数量有限，先到先得，快来买呀！"

不一会儿，水果摊前面便围了一大群人。鲍洛奇注意到有一位年轻的小姐在摊前转了大半天了，也下不了决心是不是买，就问："小姐，你以前见过这样的香蕉吗？你尝一根，我敢保证你从来没有吃过这么好吃的香蕉。"

鲍洛奇一边说，一边麻利地剥了一根香蕉，递到小姐的手里。

小姐尝了一口，马上说："嗯，的确味道与众不同。给我来10磅吧。"

围观的顾客已经把刚才的场景看在眼里，大家不再犹豫了，纷纷购买。

被烤的香蕉不到半天就以高出市价近一倍的价格卖完了。许多来得晚的顾客因为没有买到“阿根廷香蕉”而失望不已。

试想一下，如果鲍洛奇始终用第一天的叫卖方式降价销售，就有可能等香蕉全烂了都不会有人问津。但现在以两倍于正常香蕉的价格让“阿根廷香蕉”脱销，原因就在于他找到了将有特殊外观和口味的香蕉推销出去的方法。有了好的方法，事情变得轻而易举，财富自然源源不断。

现实生活中，穷人很难像鲍洛奇一样找到赚钱的方法，再去行动。穷人只在乎赚多少钱，钱多则喜，钱少则忧。忧忧喜喜的人，财神是不怎么喜欢他的。

只有像富人一样，收回看钱的贪婪眼光，静心研究赚钱的方法，才有可能成功。

赚钱始于头脑，富翁的钱都是“想”出来的。在当今财富时代，你见过谁用四肢赚大钱的？世界富豪比尔·盖茨、巴菲特、李嘉诚等，都是靠脑力赚钱。穷人穷在思维上，穷人固守着穷思维，找不到好的致富方法。精明的致富方法是可以学来的。

约翰的母亲不幸辞世，给他和哥哥约瑟留下的是一个可怜的杂货店。微薄的资金，简陋的小店，靠出售一些罐头和汽水之类的食品，一年下来，收入甚微。

他们不甘心这种穷困状况，在探索发财的机会。可是经营的诀窍究竟在哪里？他们决定到处去看看。直到有一天，他们来到了一家便利商店前，这家店铺顾客盈门，生意非常好。引起了兄弟二人的注意。他们看见大门外面有一张醒目的红色告示，上面写着：“凡来本店购物的顾客，都请把您的发票保存好，年终可凭发票免费换领发票金额5%的商品。”

他们把这份告示看了几遍后，明白了这家店铺生意兴隆的原因：顾客就是因为贪图年终5%的免费购物。

他们一下子兴奋了起来。他们回到自己的店铺，也贴上醒目的告示：“本店从即日起，全部商品降价5%，保证我们的商品是全市最低价。有买贵的，可到本店找回差价，并有奖励。”

就这样，他们的商店出现了购物狂潮，他们乘胜追击，在这座城市接连开了十几家的门市，占据了几条主要的街道，凭借“偷”来的经营秘诀，兄弟俩的财富也迅速增长，最终成为远近闻名的富豪。

一个人的成功与否是把握在自己手中的。思维既可以作为武器，能够摧毁自己的旧观念，也能作为利器，开创自己的未来。精明的想法当然是可以借鉴的，只要你改变了自己的思维方式，你的视野就会变得开阔，你才能成为富人。如果你坚持穷人的思维不改变，就只能继续穷困下去。

## 只靠那点工资，想不穷都不行

对于一般人来说，薪水的高低不仅体现他的人生价值，更决定他的生活水准，所以，很多人会追求高薪。但遗憾的是，不管自己如何努力，薪水却不见涨。随着货币的不断贬值和生活水平的不断提高，面对自己那点可怜的薪水，很多人开始怀疑自己的价值，开始抱怨世界的不公，于是，人们开始迷茫、困惑，仇富心理逐渐形成，更可怕的是，贫困的阴影开始在生活中弥漫。

大多数穷人都是靠工资生活的。既然只能靠工资，就不可能致富。工资只不过能维持基本生活需求。但是，要过上富裕的生活是很难的。面对这样的困局，很多人既不知道方向在哪里，也不知道怎样去获得高薪。于是，有人要求抗议分配的不公。

在这个社会迅速变化的时代，就是一份稳定的工作，也有单位倒闭的时候。工资是靠不住的，单纯靠工资绝对成不了富人。如果你还在为一份年薪很高的工作自豪，说明你还是穷人的思维，而且有时候连保证生活的工资也会丢掉。

唐海云进入一家做国际贸易的公司上班，工作环境和待遇都让她比较满意，她很快便投入工作中。

在几位老同事的指导下，唐海云的工作做得很让老板满意。但一个月后，唐海云发现公司里她学历最高，工资却是最低的，干的事也不少，她感觉很不平衡。

老板发现唐海云在工作中闹情绪，就找她谈话。得知原因后，老板告诉她只要她工作做得好，公司绝对不会亏待她。但唐海云要求老板要么提高她的月薪，要么多拿提成。

老板解释说，唐海云的薪酬是按照职位定的，这是公司的制度，不可以随便更改，况且唐海云是新人，刚进公司没有工作经验，还需要老员工提点，在唐海云没给公司创造出效益之前，不能提高薪酬。

最终，老板没有做通唐海云的工作。一个月后，老板没有给唐海云加工资，也没有给她多拿提成。

唐海云很气恼，决定吓唬吓唬老板，于是，她给老板递交了辞职信。唐海云的本意是，自己的能力老板是认可的，况且公司很难找到像她这样专业对口的员工，便佯装辞职逼老板给自己加薪。

但让她意外的是，老板接受了她的辞呈。

老板对她说："在我看来，能证明你身价的也不是薪水，而是你做事的态度和能力。这是你的第一份薪水，但你收获的不仅仅是薪水，不管是多少，我希望你能无条件接受。"

就这样，唐海云失业了。

收入稳定与缺乏自信是很多人改变境况的障碍。薪水只能满足生活的基本需求，靠薪水不能成为富人。老板雇你，不是让你发大财，也不是和你共同致富，挖不出剩余价值，你就死掉了。一个富翁的产生，必然有无数的打工者流血流汗又流泪。所以，依靠薪水，想不穷都不行。忙来忙去，只为老板忙，只在穷忙。

很多人手里的薪水，就像一个穷人手里的一枚最珍贵的鸡蛋，这个鸡蛋就是全部希望，他无法放在几个篮子里，就只能小心翼翼捧着，不要落到地上打碎了，他必须为这个鸡蛋负责。按道理来说，穷人一无所有，更应该无所畏惧，勇往直前。但是事实不然。穷人胆小谨慎，越穷越怕，越怕越穷，最后连那个鸡蛋都打碎了，他才敢迈出一步，尝试新的生活。

王先生在一家公司搞图文设计，每个月只领着可怜巴巴的薪水，令他头疼不已。每次朋友们聚会以及与恋人外出游玩时，都会有一笔不小的开销。

是选择跳槽还是选择下海，但是又不想舍弃稳定的工作，但他还想额外赚点钱，真是不好决定。

岗位是死的，工资是死的，但人是活的。后来，他买了一台电脑，在业余时间学会在网上卖服装。这样，不仅收入增加了，还结识了不少客户。

后来，王先生的公司倒闭了，他专心做起网店来，生意越来越好，收入是上班时的好几倍。

薪水就像那个鸡蛋，而一个鸡蛋是靠不住的，靠它干什么？最大的风险是一辈子都是穷人。天下没有免费的午餐，任何事情都要付出代价。这个时代已经没有什么工作可以依靠一辈子。所以，我们要学会投资，这样，才能改变经济紧迫的局面。工资靠不住，靠工资永远不可能成为富人。再怎么拼命奋斗，也不会有质的飞跃。

## 穷人缺钱，更缺少赚钱的头脑

穷人缺钱，毋庸置疑。穷人更缺的是赚钱的头脑。穷人和富人，首先是脑袋的距离，然后才是口袋的距离。

两个穷人，没有钱，政府给每个人发放了1000元的生活补贴。

第一个人用领来的钱买了500双拖鞋，在地摊上每双卖30元，一共得到了1500元。留下500元作为生活费，其他的拿去投资，钱生钱，逐步摆脱了贫穷的命运。

另一个穷人把这1000元买了大米和油盐，不到一个月，食品吃完了，穷人依然面临着饥饿的威胁。

可见，穷人缺钱，穷人更缺的是赚钱的头脑。你给他100元，他会去买米；给他200元，他会去买酒买肉；给他500元，他会去买套体面的衣服，最后剩下10元也要买几注彩票。穷人穷惯了，一旦有了钱只想改善生活，他们不知道的是，拥有再多钱，只出不进，不久就会耗光。

富人，永远是穷人的榜样，富人的口袋里装着穷人梦寐以求的东西。穷人只看到富人口袋里的东西，却看不到富人脑袋里的东西。其实，什么样的脑袋决定自己有什么样的口袋。要富口袋，必须先富脑袋。

洛克菲勒说过："即使把我的衣服脱光，再放到没有人烟的沙漠中，只要有一个商队经过，我又会成为百万富翁。"这就是富人和穷人的差别。穷人拥有装钱的口袋，富人却拥有赚钱的脑袋。

这个世界上也有那么一个人，开始时不仅有一个穷脑袋，更有一个穷口袋，可以说是一个彻底的穷人。

但他从4岁就往自己的脑袋里装自己认为有用的东西，后来他把这些有用的东西变成了一个又一个奇迹，书写了从穷人到富人的神话。他的财富堆起来恐怕比日本最高的山峰还要高。

这个人，就是松下幸之助。

松下还是个孩子时就在车行工作，冬天五点半起，夏天五点起，不管是刮风还是下雨，都必须要起床将车行内外都打扫一遍，一整天就全部做修理、销售之类的活，一直到晚上七点钟才能休息。但是，就是从七点钟到睡觉前的那几个小时，松下也没有闲着，而是看书来充实自己。

他说："德川时代武士的修养，商人的气质，百姓应有的态度，都生动地出现在小说里。只要照着去做，大致就不会错了，这样可以学到不少为人处世的学问。"

我们看出，松下往自己脑袋里装的东西都是有益他要成为富人的东西，这些是经营之神必须具备的。

一个想成为真正富人的穷人，不仅要关注富人的口袋，更应该关注富人的脑袋，特别是富人的腰包还没有鼓起来时的脑袋，看看他往脑袋里都塞了些什么。做一个暂时的富人容易，做一个长久的富人并不简单。记住，要富口袋，先富脑袋。

## 贫穷的人相信，穷是命中注定的

富兰克林曾说："贫穷本身并不可怕，可怕的是自己以为命中注定贫穷或一定老死于贫穷的思想。"没错，贫穷并不可怕，可怕的是自己给自己判定这辈子注定是穷人。西方还有句名言：贫穷不是因为上帝的缘故，只是因为你从来没有产生过致富的愿望和梦想。

只要有了梦想，你就能够发现机会，找到机会，只要你能大胆地抓住机会，你就能够很容易地获得成功，让人生收获得满满的。

有一个穷人的儿子名叫米勒，他的人生经历很坎坷。刚刚5岁的时候，因为家里贫穷，他就不得不帮助家里做一些力所能及的事情。到了9岁，他靠着赶骡子维持生计。对于这样贫困的家庭，劳动是自然的事情，贫困像是天经地义的，没有人想着怎么去改变。大家都认为这就是生活，生活就应该是这样过的。尽管这样的生活仅仅只能维持生计。

幸运的是，米勒的母亲并不这样想，她不满足于仅能够糊口的生活，而是常常教育自己的孩子，生活是丰富多彩的，贫穷不是上天注定的，有想法就一定能够从贫穷中摆脱出来。她说上帝不是导致贫穷的原因，出身不是致富的障碍，缺少梦想，缺乏对财富的追求才是导致贫穷的根源。

米勒听了母亲的教诲，觉得应该彻底改变自己贫穷的人生。虽然自己出身在贫困的家庭，所具备的条件也很一般，但他相信母亲的话是对的。他不甘于现状，他相信一定能找到改变命运的机会和途径。人生需要丰富的经历，需要在抗争中改变自己的命运。

经过认真考察，米勒把经营肥皂作为发财的主要途径。选择了这项工作后，他就积极地投入了进去，他挨家挨户推销肥皂长达 12 年。

有一次，他听说供应商决定拍卖自己的公司，报价 15 万美元。他取出自己积蓄的 25000 美元，交了保证金，经过艰难的东拼西凑，筹集到了 11.5 万美元，即使如此还差 1 万美元。几乎用尽了所有的渠道，在暗黑里，他只能跪下来向上帝祷告："希望上帝能够带我见一个能够及时借给我 1 万美元的人。"他一个人自言自语地说："我还要开车一个人走遍整条大街，直到我在某栋商业大楼里看到第一道灯光。"

夜深了，将近十一点钟，他开车出发，沿着芝加哥大街驱车而去。一直过了好几个街区，这才发现了那个希望中的一家承包商事务所微弱的灯光。

就像看到希望一样，他一直走了进去，看见写字台边坐着一个已经非常疲乏的人。米勒感觉自己一定要更勇敢些。

"你想不想赚 1000 美元？"米勒直截了当，开门见山地说。这句话把这个疲乏的承包商吓了一跳，一下子清醒了许多："是啊，当然想。"

"那么，请给我开一张 1 万美元的支票吧，在我还清欠款的时候，我就会给你多支付 1000 美元的利息。"

于是，他就把给自己借了钱的人的名单递给了承包商，承包商仔细地看了这份名单。接着，米勒又详细解释了自己为什么要进行这次商业冒险。这个承包商被米勒深深地打动了，米勒口袋里带着承包商给的 1 万美元离开了事务所。

以后的日子，米勒的生意越做越大，后来有了一家肥皂公司、四个化妆品公司、一个袜业贸易公司、一个标签公司和一家报社。

生活中很多人认为贫困并没有什么可抱怨的，他们认为贫穷是命里注定的，没有强烈改善处境的要求。世界上有太多这样任劳任怨的人，其实，很多时候，只要有想法，有渴望致富的心态才能摆脱贫穷的生活。

穷则思变，变则亨通。这是亘古不变的道理，也是一个人成功的根源，更是一个人能够改变人生，成长起来的主要动因。改变思想，你必将在未来成为时代的宠儿，也必将成就一番事业。

## 没有向命运挑战，就没有富人命

财富自古以来都是一个恒久不变的话题。在古代社会，就已经根据社会阶级进行财富分配，阶级高的人得到大多数的财富，阶级低的人们得到较少的财富，财富随着阶级的不同而不同。所以，注定一些人出生就拥有财富，而有些人一辈子穷困。

但是，随着社会的发展，人们已经打破了根据出身确定财富的规则，人们可以通过自己的努力获得财富，很多人凭借自己的努力甚至成为富商巨贾。

现如今，怎样能赚大钱，怎样摆脱贫穷的命运，成了人们最热衷的话题。现在社会，市场充满各种机遇，只要你有向命运挑战的决心，那么，一切皆有可能。

人生在世不怕出身贫穷，只怕没有向命运挑战的斗志，否则，不管你怎么忙，也只会贫穷一辈子。一个人只要足够勤奋，足够睿智，不断地努力，财富梦就一定能够实现。

过去，或许你可以悲叹人生境遇不同是因为出身不同而导致机会不同，那么在今天，你就完全不必这么烦，只要自己有决心向命运发起挑战，你就很有可能成为富有的人。

穷，再也不是人们不改变命运无可奈何的借口，不是值得夸耀的事情。命运，成为每一个人自由的主张和动力。要想一辈子不被禁锢，就要敢于向命运发起挑战。

在美国西部有个小山村，村里面有一个家境穷困的少年，他在15岁时就写下了这样气势豪迈的“一生的志愿”。

“要到尼罗河、亚马逊河和刚果河探险；要登上珠穆朗玛峰、乞力马扎罗山和麦金利峰；驾驭大象、骆驼、鸵鸟和野马；探访马可波罗和亚历山大一世走过的道路，主演一部《人猿泰山》那样的电影；驾驶飞行器；读完莎士比亚、柏拉图和亚里士多德的著作；谱一部乐曲；写一本书；拥有一项发明专利；给非正常的孩子筹集100万美元的捐款……”他一口气写了将近127个人生目标。

对于一般人来说，要实现这些梦想简直是天方夜谭。但他不是这样，他将全部的心思都用在了努力实现自己的宏愿上。他从此就不断地朝这个方向努力，开始自己漫漫的人生旅途。他的一生都为实现自己的宏愿而努力。经历了漫长的44年，终于实现了自己所写的志愿中的106个愿望。当有人问他的时候，他笑笑说道：“很简单啊，我只是让自己的心灵先到达那里，于是，我的周身就充满了力量，这以后，只要沿着目标的方向前进就成了。”

很多人终其一生都不能实现自己的财富梦想，到老还是过着穷日子，一生被所谓的琐事缠身，年少时立下的宏愿都成了久远的泡影。

知识经济时代打开了通向未来的大门，世界通过沟通变得更加繁荣。人们的社会地位也在这剧烈变动中不断变动。只要你努力，拥有对命运挑战的勇气，就一定会跨过横亘在面前的条条大河、座座高山。缺乏勇气的人会丧失辨别是非的能力，会成为被抛弃的对象。

根据研究，对那些功成名就的人来说，贫穷不仅没有成为障碍，反而是迈向成功的动力。很多人在贫困的时候，没有失去对生活的信念并且始终对生活抱着积极的态度。很多取得巨大财富和成功的人士，正是因为贫穷才促使他们寻求改变命运的途径，从而创造出不凡的人生境界。有时候，人生就是场竞技赛，是不断挑战、不断进步的历程。

勇于挑战命运，才能不断地进步，才能获得充实的人生，才能成为人生竞技场中的胜利者。胜利永远只属于勇于挑战的人们。没有永恒的成功，也没有什么人会永远失败。勇于向贫穷挑战，善于向命运宣战，才能造就财富人生，才能成就自我。

## 有野心的人，才不会是个穷人

如果你现在没有成功，没有地位，没有财富，无关紧要，只要你有野心，那么你站在金字塔的塔顶的时刻。强大的野心和强烈的欲望可以使人施展全部的力量，尽力而为即是自我超越，那比做得好还重要。当你有足够强烈的欲望去改变自己命运的时候，所有的困难、挫折、阻挠都会为你让路。

巴拉昂是一位年轻的媒体大亨，推销装饰肖像画起家，在不到10年的时间里，迅速跻身于法国五十大富翁之列，1998年因前列腺癌在法国博比尼亚医院去世。临终前，他留下遗嘱，把他4.6亿法郎的股份捐献给博比尼亚医院，用于前列腺癌的研究，另有100万法郎作为奖金，奖给揭开贫穷之谜的人。

巴拉昂去世后，法国《科西嘉人报》刊登了他的一份遗嘱。他说，我曾是一个穷人，去世时却是以一个富人的身份走进天堂的。在跨入天堂的门槛之前，我不想把我成为富人的秘诀带走，现在秘诀就锁在法兰西中央银行我的一个私人保险箱内，保险箱的三把钥匙在我的律师和两位代理人手中。谁若能通过回答穷人最缺少的是什么而猜中我的秘诀，他将能得到我的祝贺。当然，那时我已无法从墓穴中伸出双手为他的睿智而欢呼，但是他可以从那只保险箱里荣幸地拿走100万法郎，那就是我给予他的掌声。

遗嘱刊出之后，《科西嘉人报》收到大量的信件，有的骂巴拉昂疯了，有的说《科西嘉人报》为提升发行量在炒作，但是更多的人还是寄来了自己的答案。

绝大部分人认为，穷人最缺少的是金钱，穷人还能缺少什么？当然是钱了，有了钱，就不再是穷人了。还有一部分人认为，穷人最缺少的是机会。一些人之所以穷，就是因为没遇到好时机，股票疯涨前没有买进，股票疯涨后没有抛出，总之，穷人都穷在背时上。另一部分人认为，穷人最缺少的是技能。现在能迅速致富的都是有一技之长的人。还有的人认为，穷人缺少的是帮助和关爱。

巴拉昂逝世周年纪念日，律师和代理人按巴拉昂生前的交代在公证部门的监视下打开了那只保险箱，在48561封来信中，有一位叫蒂勒的小姑娘猜对了巴拉昂的秘诀。蒂勒和巴拉昂都认为穷人最缺少的是野心，即成为富人的野心。

在颁奖之时，《科西嘉人报》带着所有人的好奇，问年仅9岁的蒂勒，为什么想到是野心，而不是其他的。蒂勒说："每次，我姐姐把她11岁的男朋友带回家时，总是警告我说不要有野心！不要有野心！我想也许野心可以让人得到自己想得到的东西。"

巴拉昂的谜底和蒂勒的回答见报后，引起不少的震动，这种震动甚至超出法国，波及英美。一些好莱坞的新贵和其他行业几位年轻的富翁就此话题接受电台的采访时，都毫不掩饰地承认：野心是永恒的特效药，是所有奇迹的萌发点；某些人之所以贫穷，大多是因为他们有一种无可救药的弱点，即缺乏野心。

欲望有多大，就能克服多大的困难，就能战胜多大的阻挠。你完全可以挖掘生命中巨大的能量，激发成功的欲望，因为欲望有时就有力量。

我们真正缺少的是成为富人的野心！野心，成功的无价之宝。我们为什么如此胆小呢？放手一搏，说不定明天就是艳阳天！只要在我们踏实勤奋的努力和智慧基础上，再稍稍多一点野心，成功就会在我们眼前。

# 第二辑
# 守着钱等于守着穷：你不理财财不理你

辛辛苦苦挣了钱，“把钱存起来”、“把钱放起来”这是人对待钱财的普遍态度，认为这样最可靠、最保险。但很少有人意识到，正确的理财方法是确保家庭生活长期稳定的重要途径，也是让家中有限资金保值或增值的必要手段。然而，我们身边许多人却不会让钱去生钱，总是让它“烂”在工资卡里！

## 不想穷忙一辈子，一定要学会理财

一生能积累多少钱，不取决于你赚了多少钱，而取决于你如何理财。

钱不够花与生活水平不高的主要原因，在于理财观念的落后以及理财方式的单一。如果你想成为理财的高手，首先应当树立正确的理财观念，增强理财意识和风险防范意识。其次是通过合理的方式获得更多的财富。

理财专家一般用“成功＝经验＋智慧＋苦功＋灵感＋运气”这个公式来引导个人的投资理念。

在做具体投资时，除了确定投资对象有无投资价值外，最重要的是根据自己的兴趣和特长选择目标。有人在房地产市场里大显身手，但在股票市场却一败涂地；有的人爱好收藏，小有成就，但对房地产却不感兴趣。因此，理财前必须正确地认识自己、了解自己，制定量化的、合理的目标，针对理财目标配置资产，做到有的放矢。特别是在当今社会，千变万化的经济环境不断改变着人们投资的价值取向。要能抵御过高投资回报率的诱惑，因为任何投资回报率过高的项目都是值得怀疑的。

美国曾经有人做过一个调查，结果吃惊地发现美国的百万富翁约占全国人口的10%以上。而其中约有60%都是自主经营的个体生意人。他们从事的都是极其普通的工作，如做焊工、开干洗店，等等。在这些富翁中，又有80%的人都是靠自己的积累发家的。此外，他们生活俭朴，没有一丝奢华的迹象，甚至与他们每天相处的邻居都不知道他们已经是百万富翁了。

美国为何会产生如此多的富翁呢?

美国的一家投资信息公司——标准普尔公司的人曾经做过仔细的统计，世界上花钱最厉害的就是美国人。同时美国人所积累起来的个人平均财富也是最多的。美国人投资理财方式和特点是：储蓄少，投资多，消费高。

为什么有些中国人崇尚节约，恨不得一分钱掰成两瓣花，也没能创造出多少财富，而美国人消费巨大，却还能成为富翁呢？一位中国学者带着这样的疑问走访了美国学者，美国学者的回答是：“我们的节约与浪费是两个不同的概念，美国人在生活上虽然浪费，但是在生产成本上节约；而中国人虽然在生活上节约，但在生产成本上浪费。”美国人更加注重的是

“开源”。

开源是投资理财的根本所在。如果没有不断投资获得的财富，无论你多么勤俭节约，财富也不可能平白无故地增多。“节流”是建立在“开源”基础之上的。没有“开源”，“节流”没有任何意义。

和信关系企业集团是台湾排名前五位的大财团，和信企业集团前会长辜振甫和台湾信托前董事长辜濂松是一对叔侄。外界都想了解他俩到底谁比较有钱，辜振甫的长子辜启允曾笑言：“钱放进辜振甫的口袋就出不来了，但是放在辜濂松的口袋就会不见了。”意思是辜振甫赚的钱都存到银行，而辜濂松赚到的钱都用来投资。结果是虽然叔叔辜振甫大上17岁，但是侄子辜濂松的个人资产却远远多前者。

多数美国人的投资理财原则是：只将少部分钱存入银行；另一部分钱买房子，这是一个人的基本生活需求；大一部分钱投资股票。

因为美国的储蓄利率非常低，很多美国人都是爱花钱，不爱存钱，为了生活上的保险起见，他们只拿出一小部分资金来用做储蓄投资，而是把钱主要投在证券和房地产上。

这就是我们讲的将资金分散在各个项目上进行分类投资。这样做的好处至少有两点：首先可以努力争取在各个领域里获得利润；其次可以最大程度避免资金尽失的风险。我们在理财的时候，也应该采取多元化投资。当某一项投资失败后，还有另外的投资项目可以获利，将损失减至最小。

了解了理财的原则和理财的观念，我们更加清楚地认识到，理财是一个伴随终身的漫长的过程，虽然在这个过程中，财富会有不同程度地增加，但理财的目的绝不仅仅是为了赚钱。理财应先求保值后谋增值，短线投资只是这其中的一部分，而不是全部内容。

# 打理好钱财，为自己构建财务基础

我们应如何建构扎实的财务基础？拥有什么样的观念最重要？养成正确的生活态度、消费习惯最重要。量入为出、存钱储蓄是理财的基本功，有了资金才能规划保险、做投资、为未来的经济生活奠基。现代社会中，我们一定要做好钱财的打理，经济自主、有独立的能力，迈向美丽的人生前程。如果想法偏了，任意花钱不加节制，生活形态也会扭曲变形。

有的人在读书时是利用助学贷款交学费，才毕业就背负一身债务。对这部分人来说，进入社会工作以后，最重要的是先好好工作赚钱，努力还债。无债一身轻，还清前债以后，我们在理财这条路上才能从零开始，而不是从“负数”起步。就有关理财的基本法则来说，理财专家建议：一定要利用各式金融商品，为自己建构一道道理财防护罩。在进行理财规划的过程中，三大守则要记牢。

**1. 一定要储蓄、存钱**

首先，一定要多存钱、多储蓄，手头上有节余、有能够运用的资金，才能用钱滚钱，才有办法抓住投资生财的机会。说到储蓄，好像压力很大，其实就是养成适当的生活、消费习惯，把握几个原则就好，“量入为出”避免“寅吃卯粮”，简单说就是，不到一个月，进账就花光甚至透支。如果你像下面这位李女士一样生活，那么你的财务状况就危险了。

26岁的李丽活泼可爱，衣着时髦，脚蹬长靴，留着时尚的发型，隔三岔五就换不同款式的名牌包包。每次她踏入办公室，女同事们便会传来羡慕的眼神、惊呼和赞叹，“这只表哪里买的？”“这个包包很贵哦？”“这件衣服真好看”……此起彼伏的称赞，总让李丽不由地涌起一阵高贵、时尚的兴奋感。

可是有谁知道，人前光鲜的李丽每当拿着存折，见才到月中账户里就空空如也时，就不免心头一阵迷茫；收到信用卡账单时，望着愈积愈多的欠款数字，心里更会闪过一丝紧张。怎么办？每次碰到这种情况，李丽都选择暂时忘却，然后告诉自己：反正欠款也不是一时还得清的，而且每个月都还撑得过去，以后慢慢还就可以了。可以说，李丽是穷忙一族的典型代表。

### 2. 对人生风险，一定要有规划

漫漫人生，世事无常，最怕碰到不可预料的病痛。同时，我们也要考虑到未来，支持退休生活所需的钱财要从哪里来？要控制风险、建构防护网，医疗保险可供考虑。独立自主的白领上班族不妨从医疗保单着手，为自己筑起一道人生的保护墙。初期可以考虑选择低保费、高保障的医疗险，随后再以“终身医疗险”将医疗保障时间拉长至终身。虽然白领上班族年轻、活泼、健康，不过还是要未雨绸缪，医疗保险不可少，只要花小小的钱，就可为自己取得大大的保障。

### 3. 投资未来，金融商品理财不可少

目前，光靠存款生利息，要累积财富着实不易，所以还是要善于用金融商品做投资，加速财富增长。在各式金融商品中，股票风险大、挑选起来难，期货风险更大，因此可以适当地将投资领域放宽，实现投资多样化，如房地产、文化产业、艺术品和贵金属等。只要找到适合自己经济情况的投资方式，完全可以让自己的财富不断地增长。

# 理财行动越早，得到的回报就越大

理财投资是每个人都可以学会，而且都应该学会的课程。以为投资只是金融从业人员和有理财头脑的人才能学习的科目，是一种错误的认识。理财是每个人的必修课，越晚学会理财，你感觉到的生活压力就会越大。因此，一定要趁早规划好人生不同阶段的支出，做好理财规划。这是因为：

## 1. 买房子的成本越来越高，但薪资增长却极其缓慢

如今房价不断上涨，上涨的幅度已远远超过了我们收入增长的幅度。

有人做过统计，一般人如果要靠薪资买套房子，可能需要不吃不喝 20 年，才能筹备完整购买房子的资金。但大多数人不可能一下子就备齐买房子的全部资金，如果购房的时候只准备了 10%的自备款，加上每月支付的贷款及利息，对很多上班族来说将造成沉重的财务负担。如果更换工作或万一固定收入中断，将面临很严重的资金短缺。对大多数只领一份死工资的上班族来说，要吃饭、要坐车，还要赡养老人、供养孩子，生活压力之大可想而知。

## 2. 教育费用飘升，以后供养孩子上学越来越难

无论你打算什么时候生孩子，以后都会面临供养孩子上学的问题。如果你现在不学会理财，以后等孩子开始上学时，你会觉得压力如大山般压住心头。现在供养一个孩子读书已经越来越难，因为学费、杂费、择校费、赞助费、辅导班费等名目繁多，教育成本越来越高。仅以读大学为

例，现在的孩子考大学容易，但如果没钱，读大学就很难。近年来大学学费不断调涨，让很多工薪阶层的父母纷纷大喊吃不消。

3. 老年以后只靠退休金不现实

如果我们想知道退休之后的各种收入能否满足养老所需，最重要的就是要计算“所得替代率”，它是指领薪水一族退休之后的养老金领取水平与退休前工资收入水平之间的比率。比率的算法很简单，假设退休人员领取的每月平均养老金为1000元，如果他去年还在工作，领取的月收入是3000元，那么退休人员的养老金替代率为：（1000÷3000）×100%=33.33%。

在过去，已经退休者由于当时的利率尚高，通货膨胀率较低，财富累积较快较稳，因此所得替代率通常能够维持在60%～70%。所以在正常情形下，他们仍旧能维持退休前的生活水平。但现在环境不同了，物价年年涨，但薪资的上涨速度却远远跟不上物价上涨的速度。按照目前的状况分析，我们这一代的年轻人，到退休时大概只能维持30%～40%的所得替代率，你把现在的薪水缩减，就知道只靠退休金养老是不现实的。

理财投资是每个人都可以学会的，如果你以前就开始关心理财的话，那么现在你手里就应该有一笔存款，而且可能正在研究下一年让它增值的方法。趁着年轻开始做理财投资，那么你可能将比很晚才开始理财投资的人领先至少10年。

# 只会攒钱是不够的，还要学会理财

一个人的赚钱能力再强，如果不会理财，到了晚年很可能会两手空空，为衣食忧愁。因此，学会理财是非常重要的。

一个人一生的收入通常来源于两个方面：一方面是工作收入，另一方面是理财收入。有句古语是："君子爱财，取之有道；君子爱财，更应治之有道。"这里说的"取"就是赚钱，"治"就是理财。

有一个富翁正要出远门。他将自己的部分财产托付给三位仆人保管与运用，每人分得一样多的钱。

富翁告诉他们，要好好珍惜并善加管理自己的财富，等到一二年后再看看你们是如何何处理这些钱财的。

第一个仆人拿到这笔钱就做了各种投资。第二个仆人，买了原料，制造商品出售。第三个仆人为了安全，将钱埋在树下。

一年之后，富翁把三个仆人召来，第一个和第二仆人管理的财富都增加了一倍，富翁甚感欣慰，把他俩所赚的钱都给了他们。

只有第三个仆人的钱丝毫未增加，他解释说："惟恐运用失当而遭到损失，所以，将钱存在安全的地方，今天将它原封不动地奉还。"

主人听了大怒，骂道："你这懒惰的人，不好好利用你的财富。"第三个仆人不仅受到责备，还被富翁辞掉了。

大多数人像第三个仆人一样，不善利用财富，浪费了资源。善于投资不仅仅是可以改善一个人或一个家庭的财务状况，本身亦是一个很好的致富之路。

对于钱的收支养成良好的、有节制、有计划的习惯对年轻人来说尤为重要。无论是白领还是蓝领，无论是高薪还是低薪，都得量力而出，能节省的地方尽量节省，坚持把节省的钱存起来，谨慎地进行投资，把它们投向你认为有极好回报的方面，你积蓄的那一丁点钱能由此为你打下坚实的经济基础。因为投资，你的原始资本就会不断地发展壮大起来。

攒钱是理财的起点。要想攒好钱，就要尽早养成量入为出的习惯并长久保持下去。对于一些人来说，最主要的就是克制自己的消费欲望。许多人在消费方面的自制力稍差一点，过度的消费会使他们无财可理。信用卡在盲目消费的过程中扮演了重要的角色，信用卡是冲动消费的罪魁祸首，它会造成人们的无感觉消费。因此，抛掉手中的信用卡是克制冲动消费的一个很好的方法。

只会攒钱是不够的，还要学会投资，要让钱生钱，生钱是理财的重点。可以把手中的钱分成三份。一份是应急的钱，应该留半年到一年的生活费，这些钱以活期储蓄的形式存放，当然也可以买点货币市场基金。另一份是保命的钱，应该留三年到五年的生活费，这些钱可以以定期储蓄的形式存放，或者部分购买国债。还有一份是闲钱，是五年到十年不用的钱，这些钱才可以用来买股票、基金、房地产，以期获得高收益，当然也要做好亏本的准备。

## 保持观念常新，垃圾也会变黄金

人的思想观念决定了人的言行举止，最终也决定了人的命运。观念还有个时效性的问题，因为时代在前进，社会在进步，昨天的真理在今天就有可能成为谬误，所以观念要跟上时代，就得不断更新。不断创新思想才能跟得上快速发展的脚步。商界流传着一句话：钱会往有头脑的人的口袋里钻，正所谓“脑袋空空口袋空空，脑袋转转口袋满满”。

在一个温州学校的课堂里，为了锻炼孩子们的手脑协调能力，老师教学生们折叠一些模型。当一切方法都已经教授完毕后，开始了一场比赛。按照规则谁的速度最快老师便给这个学生佩戴小红花。当比赛开始时，大家都在按照老师的方法按部就班，只有一个小男孩拿着纸颠来倒去地看，还不时地用手比划着。别人都在紧张地忙碌着，他却不紧不慢。当比赛结束时，那个男孩却意外地获得了第一名，老师高兴地把红花给了他。当大家议论为何他如此之快时，老师解释说：“大家都按照我的方法去做没有问题，但是你们忽略了我的折叠方法中有几步是可以换个方向去折的，那样会简单很多。只有他是观察到了并运用用自己的思维换了另一种方法完成了比赛。因此，我们要有不断创新的意识和思维才能更好地完成任务。”

当我们以常规和传统的方式方法解决生活中的难题而不奏效时，那么应该停下来想一想，是不是转变一下观念会有新的突破。因为旧的观念可能会随着很多客观因素的改变而改变，我们的观念和思维也应该常常更新。

富人常告诫孩子：只要肯动脑筋，垃圾也能变成黄金。思维不能一成不变，方法也不是不能变通的，观念应该随时随地更新，不能做墨守陈规的人。只要我们有创新的思维、全新的观念，就会在有限的天地里创造出无限的机遇和财富！

一家广告公司以年薪30万招募一名总策划。考题是：任由各人在一张白纸上搞创意，然后撒出去，看这些落在大街上的纸品，谁的最抢手。于是，有的人在纸上写上诗歌、格言，有的画上漫画，有的折成精美的纸艺品……

有一温州小伙子却什么也没写，什么也没画，只是在每张白纸上贴了一张一百元的钞票扔了下去，路人当然争着抢这天上掉下来的钞票。公司老板被他的创意折服了："好小子！你被聘用了，明天就来上班！"小伙子的聪明告诉我们：成功与失败，富有与贫穷，只不过是一念之差。

观念在任何时候都起着先导的作用。从只能捕捉几条小鱼的渔网到一网网尽天下的因特网，从嫦娥奔月的传说到杨利伟遨游太空的潇洒，说到底还是思想进步、观念更新的结果。如果观念超前，在遵循法律与道德的前提下，能想他人之不敢想，为他人之不敢为，发现他人之视而不见的商机，那么钞票能不源源不断地滚进你的腰包吗？所以说，观念是人生转变的基础和起点，是赚钱的首要条件。

# 一定要学会理财，但不要盲目投资

财富的积累是一个由小到大、由少到多的过程。要实现这个过程，就要学会理财。不是有一句话叫做“你不理财，财不理你”吗？财富的积累不在于最初有多少财产，而在于是不是善于理财。富翁并非一开始就是富翁，他们也是通过不断的积累与投资获得的。学会理财可以让你更从容地支配财富，甚至还可以助你积累财富。许多人似乎对于理财不太在行，他们总是叫嚣口袋里的钱如流水一般，只记得出却忘记了进。这可谓是所有工薪族的一大心灵隐痛。所以，我们有必要为自己的口袋装一把安全锁，节制、理性地把每一分钱都管理到位。

理财是对自己的财富做价值分派。你可以用它去投资以换得更多的财富，也可以作为不动产储备起来以备不时之需。但是，一定要有自己的理财原则，使这些财富在你的手里不会贬值。

可能许多人都认为理财就是节约，进而联想到只有守财奴才会理财或者只有有钱人才需要理财。认为理财会降低花钱的乐趣与生活的品质，这样的结果难免会让一大部分人对理财不屑一顾，但是，理财并不是因为吝啬或者是太富有，才有必要去做的一件事。理财是为了更好地规划生活，以保证财富的合理运用，是管理财富的一种手段。

在理财的问题上，许多人似乎总处于一种懵懂状态。他们只知道资金如果放在银行会比较安全，但是不会有太大的收益；如果去投资则担心会有一定的风险。因为，投资并不像在森林里打猎那么简单。投资时，你必须清醒地认识到，如果一笔生意听起来好得让人难以置信，那么，你就该警惕它的可信度了。投资是一项需要谨慎而行的工作，没有风险的投资是不存在的，所以，选择投资的时候一定要做好所有的准备工作，不要盲目投资。

以下是一些有益的建议，可以帮助你保持清醒的头脑，更准确地作出投资判断：

（1）投资不是一群人的游戏，而是一个人的游戏。投资时，必须靠自己的思维作出判断，必须有独立、正确的见解以保证自己的投资是正确的。

（2）不要对投资的利润怀有太高的期望。财富的积累并非一朝一夕之功。特别是对于投资而言，带有很大的风险性。所以，我们必须以一颗平常心来对待。注重一点一滴的积累，脚踏实地，这样才能慢慢变得富裕。

（3）不要被虚涨的股票所迷惑。公司的股票与公司永远都是有区别的，有时候股票的行情只是一家公司不真实的影子而已。所以在选择股票时，一定要优先研究这家公司的真实情况，然后再作打算。

（4）不要低估了风险。风险带给人们的有时会是一个很有杀伤力的结果，它值得每一个投资者给予足够的重视。在购买股票之前，不要先问“我能赚多少”，而要先问“我最多能亏多少”。有这样思想准备的人才不至于输得一塌糊涂，也能够对自己的每一步有一个清醒的认识，从容应对风险。

（5）在犹豫和不清楚一只股票时，坚决不要买。这一点非常重要。就像一位投资大师所说，如果不能用一句话把一个公司描述出来的话，就不要去买它的股票。

（6）有资金才是硬道理。当你把目光投向一些正在衰败的公司时，一定要注意这家公司是否还有值得扶持的潜力，自己的资金是否可以支持它转危为安。

（7）不要轻信债务超出公司资金的公司。一些公司经常是通过发行股票或借贷来支付股东红利的，这样的公司总有一天会陷入困境。对于这样的公司，你一定要考虑好自己的退路后再做决定。

（8）不要把鸡蛋放在一个篮子里。除非你有亏不完的钱，否则就不要把所有的投资都放在一家或两家公司，也不要相信那种只关注一个行业的投资公司。因为这样做的风险比较大，虽然把宝押在同一个地方可能会带来巨大的收入，但永远都不要忘记它同样也会带来巨大的亏损。

（9）除了盈利以外，没有任何一个其他标准可以用来衡量一个公司的好坏。无论分析家和公司怎样吹嘘自己的实力，你都不能听信他的一面之词，盈利就是盈利，这是惟一的衡量标准。

（10）如果你对一只股票的收益产生了怀疑，那就不要再坚持，及早放弃才是最好的选择。

# 第三辑
# 吃不穷、穿不穷，不会算计一世穷

很对人在赚钱的时候，精打细算，锱铢必争。他们不知道在用钱方面，一定要把钱用在该用的地方，不该用的地方，一分钱也不能花出去。洛克菲勒说过：“对钱财必须具有爱惜之情，它才会聚集到你身边。你越尊重它，珍惜它，它越心甘情愿地跑进你的口袋。”

## 精打细算过日子，越算才会越有

“算计”一词也就是今天我们所说的“理财”，可见理财教育对每个人来说都是必不可少的。理财绝不仅仅是存钱办卡那么简单，财富管理的内容包括股票、债券、基金、其他有价证券、存款、生命保险等。在住房方面，居民成为房地产市场的主体；在医疗制度方面，个人承担比例在提高；在养老金方面，个人必须提前规划自己的退休生活；在教育制度方面，子女教育费用成为家庭的重要开支。理财创富，越来越成为每一个工薪族的一个理想。

富人何以能在一生中积累巨大的财富？他们到底拥有什么致富诀窍呢？诞生于富裕之家的毕竟是少数，而全社会能创业成功的比率也少之又少。因此理财得当才是普通百姓最好的致富途径。对于个人财富的积累，也要通过善于运用，精于打理自己的财产而实现增值。

20世纪二三十年代，上海有一位犹太裔房地产富商名字叫哈同，他早年来到上海，由赤贫迅速成为一方豪富，他的精打细算在上海人人皆知。

哈同计算收租的时间单位与众不同。当时上海一般房地产业主按公历月份收租，而哈同却以农历月份收租。众所周知，公历月份一般每月为30或31天，而农历月份每月为29或30天，并且农历每3年有1个闰月，5年再闰1个月，19年有7个闰月。所以，按农历收租每3年可以多收1个月的租金，每5年可多收2个月的租金，而每19年可多收7个月的租金。

哈同出租一般住房和小块土地的租期都比较短，通常3～5年。租期短，既便于在需要时及时收回，又可以在每次续约时增加租金。在哈同的地皮上，即使是摆个小摊子，也得交租。有个皮匠在哈同所有的弄堂口摆了个皮匠摊，每月也要付5元租金。哈同每次向他收地租时，总是很和蔼地对他说："发财、发财。"但钱是一个不少要的。

发达之后，哈同曾花70万银元建造了当时上海滩最大的私家花园，取名为"爱俪园"。为了方便管理园内职工，哈同对职工的职责和等级作了明确的规定，并让账房制作相应的徽章。但连这样一个表明工作职责的徽章也要职工自己掏钱购买。每个徽章的制作成本仅为5个铜板，"零售价"却为4毛钱！

连每个月为29天还是30天都要算计一番。哈同的这种精打细算，可以说到了无所不用其极的地步！

所以，要想积累更多的财富，首先就要学会节俭。不管你多么富有，绝不能随意挥霍钱财。在宴请宾客时，以吃饱吃好为原则，不要讲排场乱开支；在生活中，以积蓄钱财为原则，不要用光吃光，最后落得两手空空。

“紧紧地看住你的钱包，不要让你的金钱随意地出去，不要怕别人说你吝啬。当你的钱每花出去1分就有2分钱的利润的时候，才可以花出去。”巨富洛克菲勒是这个信条虔诚的遵守者，“节约”伴随了他的一生。

有很多老板，对任何开支都是精打细算，为的就是尽量降低成本，减少费用。他们总是说：“要把1美元当作2美元来使用。如果在一个地方错用了1美元，并不仅是损失1美元，而是花了2美元。”

克德石油公司老板波尔·克德有一天去参观一个展览，在购票处看到一块牌子写着：“5时以后入场半价收费。”克德一看手表是4时40分，于是他在入口处等了20分钟后，才购买了一张半价票入场，节省下0.25美元。

众所周知，克德公司每年收入上亿美元，他所以节省0.25美元，完全是受他节俭的习惯和精神所驱使，这也是他成为富豪的原因之一。

大富翁哈默曾经依照当时的标准利率来测算，如果一个人每天储蓄1美元，88年后他可以得到100万美元。这88年时间虽然长了一点，但是如果每天储蓄2美元，那么在10年、20年后，很容易就可以达到100万美元，因为这种有耐性的积蓄，会得到利用，并由此得到许多意想不到的赚钱机会。

犹太商人有句格言这样说：花1美元，就要发挥1美元100%的功效，要把支出降到最低点。犹太商人对金钱除了爱之外，还要惜。也就是说，除了想发财外，还要想办法保护已有的钱财，提防金钱的无谓流失。

# 请客吃饭有讲究，既有面子又省钱

一说到请客吃饭这个话题，很多人往往就会很犯难！不请吧，别人说你没有人情味！请吧，又心疼自己的钱。如何能将这笔不菲的开销压缩到最小，而又不影响人际交往呢？其实这里面也是大有学问的。

蔡娟在上大学期间，就是一个非常节俭的女孩。同寝室里的女生每到过生日的时候，都会请大家到外面的饭店里大吃一顿，还要买一个漂亮的大蛋糕跟大家一起来分享。而蔡娟却从来没有提过自己的生日，对于同寝室女孩的邀请，她也总是以各种的理由来推托，实在推不掉的时候才会勉强地去。有时在饭桌上，大家会开玩笑地问蔡娟的生日是什么时候，为什么从来没跟大家提起过，是不是害怕请客啊，等等。

这时候，蔡娟总会一本正经地说，自己绝对不会为了过一个生日而大肆铺张浪费地请客吃饭，这是一种很不实际的浪费，是人的虚荣心在作怪。每次听到蔡娟这样说，坐在一起吃饭的姐妹们都会觉得扫兴。如此几次之后，大家也就不再热情地邀请蔡娟了，等到有姐妹过生日的时候只是象征性地问她一下。蔡娟说不去，姐妹们就不再多问了。

大学毕业以后，蔡娟就和同寝室的姐妹们渐渐地失去了联系。起初蔡娟以为大家都各奔东西，各自之间都很少联络了。但再一次偶然的机会，蔡娟听说同寝室的其他姐妹们几乎每半年都会聚会一次。蔡娟的心里不免有些难过，为什么从来都没有人通知她。

即使有了大学里的这样一个教训，蔡娟似乎并没有打算要改变自己的想法和作风，依然还是坚持不参加同学的聚餐，更不会主动邀请别人吃饭。不难想象，蔡娟和同事的关系也始终处在一种不冷不热的状态，大家一提到聚会或者是请客吃饭，几乎都不约而同地把蔡娟排除在外。

一年后，公司进行裁员，蔡娟的名字就赫然出现在了裁员名单上，理由是：无法和同事相处融洽，缺少团队精神。

在中国，请客吃饭是最常见的一种人际交往形式，而餐厅自然也就成为了最重要的一个交际活动场所。很多的时候，我们会受到别人的邀请去参加聚餐会，参加的次数多了，自然也是要回请别人的，这是一个最基本的礼貌。

但是请一次客的花费，着实让一些收入不高的人们望而却步。可是，不请又不行！难道就没有一个两全其美的办法吗？实际上，请客吃饭也是有窍门的，可以让你不用多花那么多的钱。

朋友之间一起吃饭，总体原则是，只要餐厅的环境干净、菜肴好吃就可以了，完全没有必要到大饭店去撑场面。大饭店的饭并不一定就比中等的餐厅好吃多少。而且，大饭店的环境气氛还会令人感到一些拘束和不自在的感觉。大家在那样拘束的环境下，恐怕也很难找到说话的兴致。

一般来说，不同的请客对象，应该选择不同的场所，在这里要视具体的情况而定。

**1. 通常跟你很熟的朋友聚餐时，不会要求你到多么高档的地方**

如果是这样的话，吃自助餐就是一个不错的选择。一般的自助餐厅，价格在每人几十元到百元不等，但通常都不会太贵，而且食物也是十分的多样，可以尽情地按自己的喜好来选择。在这种地方聚餐，不但有气氛、吃得好，最重要的是还不会花太多的钱，可谓是一举三得。

**2. 如果你请客的对象是不太熟悉的朋友，那么自助餐厅可能就有些不合适了**

这时候，你可以充分地征求对方的意见，知道对方喜欢吃什么之后，再酌情选择餐厅。当然在选择的时候，你也没必要专挑贵的地方，只要环境优雅一些、饭菜可口一些就行了。比较好的建议是：找一些对方家乡特色风味的餐馆，这份体贴会让被请的人尤为感动。

姗姗在北京工作，有一次要招待一位老家在东北的朋友，这位朋友自大学毕业后就留在了北京。在跟朋友约定地点前，她突然想到自己的家附近有一家东北骨头庄，做的东北菜很是正宗，朋友阔别家乡了多年，应该会留恋自己家乡菜的味道。只是这家餐馆的规格属于中低档，因此她有些担心朋友会觉得自己怠慢了她。没想到，她一说出饭馆的名字，朋友就很是兴奋。这餐饭让朋友吃得相当的满意，因为她“好久没有吃过这么正宗的酸菜饺子了”。而姗姗为这餐饭总共花费了不到一百元。

请对方吃家乡的菜，是最讨巧的招待方法。现在很多城市都有各种地方风味的饭馆，这些餐馆大多聘请了当地的厨师，因此很好地保留了当地餐饮的原汁原味。而最关键的是，家乡特色餐馆的独特风味可以让你名正言顺地省钱。

此外，选择本地特色的餐馆也是一个不错的选择。每个地方都有自己的特色菜品，请异乡人到具有本地特色的餐馆也不失为是一种聪明的安排。

小薇留学回国后留在了北京。在国外念书的同学和朋友每次来北京的时候，小薇都要请他们吃正宗的北京风味，如烤鸭等。吃烤鸭首选的当然是全聚德。不过，小薇会请他们去别的地方的全聚德分店，因为同样是精品烤鸭，别的分店的价格却比和平门总店的价格优惠许多。前者虽然装修普通，但老北京的气息浓郁，而这种气息正是归国的朋友最希望体验到的一种情怀。

本地风味的餐馆非常注重地道的口味和文化氛围的营造，浓郁的本地人文特色完全可以弥补在档次上的不足。吃饭的时候，你不妨以导游的身份，向对方介绍一些本地饮食文化方面的趣闻逸事，既轻松活泼，同时又可以尝到地道的风味菜肴。

**3. 如果是请自己的上司吃饭，当然要选择一个比较好的环境**

如果你担心选的地方不合领导的心意的话，那么你可以事先征求一下领导的意见，问问他平常喜欢吃什么菜，喜欢在什么样的地方用餐。这时，领导通常不会让下属“大出血”，而是尽量会选择一个消费比较便宜的地方。通常这样的地方，也是比较符合领导口味的。这样，你不但顺应了领导的心意，也不至于破费得太多。

另外，也很多星级宾馆都设有自助餐厅，与普通的餐馆相比，这里的档次比较高，气氛也好。更重要的是在自助餐厅的花费是有限的，可以进行精确的预算。如果你请领导吃饭，高档自助餐也是一个不错的选择。

请别人吃饭，实际上不用那么紧张！只要你稍微懂一些这里面的诀窍，请客吃饭照样能为自己省出钱来！

## 精明购物，“买”时就要想到“卖”

简单地说，想要省钱做大事，就应该有物超所值的观念，或者最起码的基础是你要懂得什么叫做物有所值。因为一般来说，物有所值、物超所值、一文不值是买东西时候的三种感受。其实有时候大多数女性买东西只在乎买东西一时的感受，却忽略掉了东西本身恒久的价值，举个例子来说，你花 1 万块钱买了一块昂贵的表，但是当这只表属于你的那一刻，它就已经不值 1 万块这个价了。

也有很多人在买东西时懂得将未来这个商品的价值考虑进去。比如说，同样都是花 1 万块钱买个梳妆台，但是如果你买的是古董梳妆台的话，然后自己再加以润色，一般来说像这种东西越古老就越值钱，就算将来要换主人，它的价值也已经超过 1 万块钱了。然而一些名牌新产品只要不是全新的，出手时它就只剩 3 折的价值，如果你在“买”的时候就想到物品“卖”的价值，你在购物时就将会有另外一番考量。

王教授在北京大学任教。2009 年，学校给他分了一套宿舍，在做简单装修的时候，需要布置一些家具。因为王教授自己在市区已经买了一套期房，所以，王教授的爱人建议买一套简单一点的家具，凑合着用就行。但是，王教授却没有这样做，而是花 2 万多元买了一套具有收藏价值的柳木家具。王教授的爱人弄不明白妻子为什么这样做。

2011 年，王教授喜迁新居，退还学校分给她的宿舍的时候，原来的家具卖了三万块钱。这时王教授的爱人才明白，原来妻子“买”的同时就要想到“卖”。

大多数人在购买物品的时候不仅仅要考虑这个东西的价值，同时也要考虑这个东西的一些性能，看看是不是真的适合自己，以防上当受骗，下面的几种介绍供大家来参考。

1. 不要只求价廉

有很多人在购物时很容易选价格最便宜的。但是现在有一些商家为了赚取更多的盈利就故意误导消费者，把一些低档的，甚至是已经过时的商品搞一个“特别推出”，如果不懂该商品的性能而仅仅以价格来决定取舍的话，就很容易上当受骗。

2. 不要求“洋”

某些国产产品确实不如进口的好，但并非所有的产品都如此。比如说电器，我国就有不少名牌电器早已远销国外，如果我们一味地舍“中”求“洋”，就很容易花许多冤枉钱。

3. 不要求“全”

许多人在购买商品时喜欢选那些功能全面的商品，以为功能全就是质量好的，这是一个很大的误区。有些商品“全”并不代表“精”。如果你买一台电视，只要画面清晰、音色好就已经足够我们使用了，没必要选那些带“画中画”或者其他功能的电视机，因为你很少有使用它的机会。

4. 不要求“大”

比如，有些人不考虑自己的住房面积和自己的经济能力，买商品一味求大，结果是花大价钱买回的庞然大物根本就是难以安置。

5. 不要求“美”

商品是买来用的，而不是买来看的，如果只看外表而不注重性能，很容易买到的是徒有其表的“绣花枕头”。

6. 不要求“新”

任何商品在刚上市时都有两个特点，一是价格贵；二是性能不完善。如果你是为了抢“新”而买，那么是很容易被淘汰的。

## 处处算计，省一点财富就会多一些

如今，光靠“勤”与“俭”已经不能应对“能源”高速消耗的挑战。所以，我们要从生活中的点点滴滴入手，这样才能成为一名真正的“理财达人”。下面就教你几个省钱的生活小细节。

1. 省水

（1）关好水龙头。据测算，如果我们不关好水龙头，一年下来浪费的水加起来大约可以装满 109 个浴缸。仅仅因为我们的一个小小动作，我们将浪费掉多少资源那是无法想象的。所以，不要觉得它少而就不重视，在我们用完水龙头的时候，请随手关好水龙头，养成节水好习惯。

（2）一水多用。淘米水可以用来洗菜、洗脸、洗头。请别怀疑，这是真的。用淘米水洗菜可以有效去除蔬菜表面残留的农药，用淘米水洗脸可以美白皮肤，也可以祛除淡斑，用淘米水洗头可以去屑、防脱，保养头发。洗菜水可用来浇花，洗衣水、洗脸水可以拿来冲厕所、拖地等。这样既环保又健康，还省钱，一水多用，何乐而不为呢？

（3）减少用水量。我们用洗衣机洗衣服时，水位不要定得太高，一般以刚淹没衣物为宜，多了就浪费了；还可以将卫生间水箱里的浮球向下调整2厘米，每次冲厕所可节约大约3升水，如果按每天使用4次计算，一年就能节约4380升，这也是一个不小的数字哦！

2. 省电

（1）随手关灯。这是老师就从小开始教我们应该养成的好习惯，但是也许你并没有做到，那么就从今天开始正式行动吧。

（2）换节能灯。节能灯不仅节约用电量，而且还能降低温室内气体的排放量，为防止全球变暖做一份小小的贡献。

（3）拔掉不用的插头。包括临时不用的充电器、转换器和插座。不要以为你没有用它，它就不会费电，全球每年因为它浪费的电量相当于200座百万千瓦火力发电站的发电量，这是很令人惊讶的。

（4）正确使用家用电器。夏天空调制冷的温度我们一般提倡设定在26～28摄氏度，太低了费电又不利于健康，眼看着“空调病”越来越猖狂，如果不那么热的话还是可以忍一下吧；比如像冰箱的冷藏室温度一般设在5摄氏度，冷冻室的温度一般设在零下6摄氏度，这样会使冰箱处于最佳工作状态，也是最省电的。

3. 省燃气

（1）炒菜。在菜下锅时用大火，快熟时用小火，盛菜时关到最小甚至是熄灭，等到下一道菜下锅时再调大，不仅省气，而且还能减少由空气燃烧造成的油烟污染。

（2）熬汤、煮粥。先把食物煮沸，然后用小火慢炖，保持微沸即可。

（3）蒸东西。在蒸东西时蒸锅里的水不要放太多，要先用小火让水升温，之后再开大火烧，这样做既节约用水又最大限度地节约了燃气，一举两得。当然，蒸锅里的水也不要太少，否则烧干了锅可就不好了。

（4）选炊具。直径较大的炊具会相对减少热量的散失，自然也就起到了节省燃气的作用。

4. 省油

（1）炒菜用油。炒菜并不是油越多越好吃，油多了反而会有油腻感，而且还会加速脂肪的增长，所以为了你的身材和健康着想，还是节约一点比较好。例如，炸完鱼虾剩下的油扔了很可惜，但是炒菜味道又不好，这时用它来烧茄子最合适不过了。

（2）汽车节油。“油”不仅包括你炒菜的油，还有你爱车用的汽油。轮胎气压要正常，气太少或太足都会增加燃油的消耗；保养好你的引擎，那么引擎的耗油量相对的来说就减少了不少；先想好路程再上路，少走冤枉路自然就省油了；发动机油温度要低，速度越低发动引擎就越省力，自然也就越省油。

5. 省工具

工具的更新速度跟你支付更新费用的速度是成正比的，但是如果我们懂得合理利用这些工具，那么它的利用率和使用寿命都是会增加的。比如一把新扫帚，在你比较新的时候可以先在干净的室内使用，等到用旧了的时候便可以拿来打扫院子和楼梯；比如一张纸如果两面都用就会比只使用一面环保得多。据统计：1 吨纸相当于 17 棵大树，为了那些可爱的大树，请我们大家使用再生纸吧。

## 精明的家庭主妇，这样购物来省钱

现在我们每一个人时时刻刻都提倡勤俭节约，反对浪费。因为不管任何劳动成果，即使不是自己亲手创造的，也是他人用血汗创造的。有人说，浪费也是一种犯罪，这句话说得很对。可是，对于大多数家庭主妇来说，由于天生比较感性，缺乏一些理性，即使在成家后，在消费上还是比较容易冲动的，很容易造成许多不必要的浪费。还有些家庭主妇因贪慕虚荣，为了所谓的面子，为了追求更好的物质和精神上的享受，更是造成了不小的浪费。

估计很多人应该都听过洛克菲勒的故事吧。洛克菲勒虽然拥有富可敌国的财产，可是他在支配手里的每一分钱时却非常慎重，平时他自己也特别注意节约，他曾经对他的下属说："科学的省钱就是赚钱。"

19世纪80年代初，洛克菲勒曾视察位于纽约的一家标准石油公司的下属工厂。这家工厂生产灌装5加仑的石油，密封后销往国外。洛克菲勒观察了一台机器给油桶焊盖的过程后问一位专家："封一个油桶用几滴焊锡？"

"40滴。"专家回答。

"有没有试过用38滴？"洛克菲勒问。

"从来没有。"

"那就试着用38滴焊几桶，然后告诉我结果。"

专家在实验中用38滴焊锡焊的油桶中密封后有一小部分的油桶是漏油的，但是39滴焊锡焊的油桶则没有出现这种情况。从那以后，39滴焊锡便成为标准石油公司下属所有炼油厂实行的新标准。

后来洛克菲勒退休后，回忆起来还是会对此事津津乐道说："当初那一滴节省下来的焊锡，在第一年为公司节约了2500美元。从那以后这项节约措施也一直得到贯彻实施。从那时到现在，那一滴焊锡已经为公司节约了好几十万美元了。"

其实，一个精明的家庭主妇，不会仅从自己贪慕虚荣的心出发去打理整个家庭的财产，更不会总是凭感觉去购物，而是能够很理性很合理地支配手中的每一分钱，绝不浪费。即使这样只能节省一分钱，还是会尝试着去做。因为小溪不积就难以成江海，如果没有理性的消费和日常生活点滴的节省，就不可能真正地走向财富之路。曾有人计算过，如果你每天节省2元钱，一年就能省下730元钱；按40年年利率3%计算，这730元的年金终值系数为75.401，到了40年后你节省下来的钱就会是55042.73元。这也是一笔不小的资金。

精明的家庭主妇会通过花钱来省钱。也许你对这种说法比较困惑，既然是花钱，又怎么能够省钱呢？举例来说，比如你买了一双20元的鞋，但是穿了没多久就坏了，你修鞋还要花费4～5元；换新的又要花费20元，这样下来，这一年大概需要买10双鞋左右，这样就是200元了。那还不如干脆一次性购买一双价值200元的鞋呢，至少能穿几年。懂得理财的家庭主妇肯定不会为了省钱一年买10双鞋，也不可能每次都买200元的鞋子。她们通常都是理性地消费，从而达到最好的节省效果。

那么，家庭主妇在日常生活中究竟该如何节省才能达到赚钱的目的呢？

### 1. 家庭用品可以批发购买

一般来说，批发价总会比零售价便宜很多，如果家庭用品能直接批发，那么肯定会省下不少钱。但是要注意有些季节性的物品，如水果、蔬菜等，一次购买太多就会腐烂，反而会造成浪费。

那要怎样才能真正地享受到批发价呢？比如说可以几个家庭、一个集体或者一个单位的同事组织起来购买日用品，这样就能享受到批发价格。千万可不要小看批发和零售价之间的差价，这样下来每个月至少可以省下几十元呢！

### 2. 不要让小开销形成大支出

我们都知道，日积月累养成的消费习惯是不容易更改的，因此在购物的时候我们最好能注意一些小细节，以免让小开销累积成大支出。比如超市里包好的食物、蔬菜等，出售的价格一般都比自由市场上卖的散装食物和蔬菜贵，所以这些食品都没有必要去超市购买。另外，在超市购物袋是收费的，所以当我们去超市时最好能随身携带购物袋，这样做不仅能减少塑料袋造成的白色污染，还能省下不少买塑料袋的钱，而且还环保！

### 3. 注意折扣和促销信息

一般来说，在每年的节假日或换季期间，一些大型商场或者超市等地方总会有一些打折促销的活动。在折扣初期，的确能买到一些物美价廉的好东西，但在折扣末期，可能只剩下清仓货了，这时就不会有什么好的东西了。还有在节日期间，超市都会有一些物美价廉的生活用品促销，像大米、食用油、卫生纸等生活用品比市场上的还要便宜，完全可以利用这些机会多储备一些。

# 第四辑 理财不在钱多钱少，理财方案可以量体裁衣

不同的人收入与支出不同，而不同的人生阶段收入与支出也不相同，因此，我们必须从全局出发，运用理财来平衡时间上的收支差距，满足不同阶段的生活需求。作为个人投资者，首当其冲是要了解自身的投资需求和投资目标。因此个人理财首先要弄明白自己想要什么，然后再去想如何实现自己的财富梦。

## 个人的收入不同，理财的侧重点也不同

因为每个人的财产状况有不同的差别，所以不同的人抵抗风险的能力各不相同，每个人的理财目标和理财重点也是各不相同。因此，在选择适合自己的理财方案和理财计划时尤为重要。也就是说，不同收入的家庭应该采取不同的理财方案。

下面是为不同收入的人量身打造的理财方式，以供大家参考。

张先生在印刷厂工作，今年45岁了，妻子在银行工作，他们有一个18岁的女儿在读高中。夫妻两人的月收入大概是5000元左右，家里每月

需要的日常开支约2500元，其中孩子住校零花钱700元左右。每月还要存银行1000元，其他方面的花费大约在三四百元。

十几年前，妻子单位搞房改，他们就分期付款买了一套三室一厅的房子，房费是60万元分5年付清，首付20万元后每年还要交1万多元。今年张先生打算等房子的贷款付清后为孩子多准备一点上大学的钱。也许因为爱人在银行工作的关系，他对股票市场的情况有些耳濡目染，如果今后的经济条件允许的话，他也想炒炒股。

张先生一般购买日常用品时就到家门口附近的超市去买，因为那里东西比较便宜，而蔬菜、水果等一般是去自由市场买，全家人的衣服也基本是在商场打折和优惠的时候在买。他预计，等到年底还清房贷时，他们的生活就会相对来说会宽裕很多，压力也会减轻很多。

像张先生这样的低收入的人，一般理财的观念都很传统。因为普通工薪家庭的收入较低，家庭承受风险的能力自然也就较差，所以在理财的时候要求绝对的稳健。除了每月做好支出计划的安排，日常开支也尽量的节省，从头做起，小心谨慎，稳打稳扎，建立良好的理财基础。对于低收入家庭理财，要注意以下几点：

**1. 以储蓄为主**

除了日常必不可少的房租、饮食等有关方面的开支外，应该多储蓄，最好能将每个月的部分工资存成一年的定期存款，在银行选择自动转存业务，这样每个月都会有定期的资金。这种“滚雪球”的方式，可以确保家庭财产增长的稳定性和连续性。

**2. 保险必不可少**

保险是所有理财工具中最有防护性的一种，由于低收入家庭抵抗风险的能力较弱，可以考虑拿出一部分钱购买一些人寿保险、意外伤害等种类的保险。作为兼具投资和保险的双重功能，选择保险的确是一个明智的举措。

3. 可以适度地承受一些风险投资

低收入家庭可根据自身风险的承受能力，适当主动承受一些风险，以取得较高的收益，但是风险也不能过大。从现实来讲，购买风险性相对小一些的企业债券对低收入家庭来说也是个不错的选择。

中等收入的人收入较多，可以拿出的投资理财的钱相对的就多一些，可承受风险的能力就会好一些，不是说所有的家庭都能够一味地追求高收益的投资形式，选择合适的理财方式才能有的放矢。具体要求：

1. 养成良好的理财习惯

在理财方面绝对不能偷懒。钱就像员工，家就像公司，你就是老板，要让钱时时刻刻地忙碌着，才能为你和家庭创造更大的价值。理财贵在持之以恒，日积月累下来就是一笔不小的财富。

2. 投资基金注意要三分组合

对于中等收入的家庭来说，投资基金是一个不错的选择，每个家庭可以将投资基金的50%购买股票型基金，30%投资平衡性基金，20%投资债券型基金，以这样的三分组合可以享受股市的牛市赚钱效应。在投资基金以外也要留出部分钱作为存款储备起来，以备不时之需。

3. 转嫁风险，节约成本

如何处理投资风险是中等家庭理财的关键。理财不仅包括财富的积累，也包括投资风险的规避，在理财过程中要学会用保险的方法转嫁风险。

那么，作为高收入者，夫妻双方年富力强，家庭收入可以较快速地增长，到后期逐渐趋于稳定。对于这个阶段的理财来讲，重点在于日常的预算、债务的管理和面临的家庭目标方面，因此在投资中要注意：

1. 分散投资，争取收益最大化

增加理财收入，可以将存款中的50%用于购买理财产品，如投资股票、投资国债、购买基金产品等，争取在最小的风险下获得最大的收益。

2. 教育投资规划要趁早

三十而立，结婚生子。日益增长的教育投资需要家庭早做打算，父母可以给孩子进行教育储蓄和购买教育保险之类的教育投资，为孩子的未来创造一个良好的条件。

3. 调整收支，合理安排购房支出

买房子，是家庭中的一件大事。首先要准备出首付的费用，再根据自己的实际情况选择不同银行的还款方式。将银行的固定还款作为家庭的固定支出算在家庭预算内，为了避免其他情况出现，要及早做好安排。

理财是一件个性化的事情，每个人都因各自家庭情况的不同而选择不同的理财方式，如果不能根据自身家庭情况把握重点，可能非但无法增值，甚至连本金都赔进去了。面对众多的理财方式，关键是要看哪种更适合。

## 初入职场者理财：慢慢积累资金

对于刚踏入社会、初入职场的人来说最大的尴尬就是无财可理，因此增加收入就是此阶段的重点。不过在工作的初始阶段，理财可以起到辅助作用，绝不可轻视。开源节流，重视保险的保障功能，是这个时期的关键。

张能瑜大学毕业进入一家国有企业工作，企业效益连年增长，张能瑜的收入也水涨船高不断增加。目前，他的年收入约为3万元，单位的福利保障齐全，他酷爱户外运动，基本上每月工资没有剩余，单身生活过得不亦乐乎。

半年前，张能瑜结识了一位女友，日常开销急速增加，甚至出现了透支现象。这种工作和生活状态持续了大半年时间。由于生活缺少规律，张能瑜又突发肠炎，住院花了一大笔钱。虽然医疗保险报销了一部分，但他还是隐隐地感到，需要给自己的财务状况做一个合理规划才能有备无患，尤其是要增加社保之外的保险。

张能瑜的个人状况是目前许多年轻人的代表。初入职场者处在一个事业的起步阶段，个人成长空间很大，没有节余，也没有负债，要建立危机意识。

初入职场的年轻人意气风发，对生活和事业充满热情和向往，也缺乏生活和理财的经验，消费方式和类型比较分散和感性，养成良好的理财习惯是首要的。要开源节流，有计划地储蓄需要一段时间改变以往随心所欲的生活方式，为今后的成家立业规划。

初入职场的年轻人由于个人的风险意识较弱，也没有更多的家庭压力，每月应有固定的储蓄金额以备不时之需。

意外风险也是要考虑的，建议个人买保险要投入的保费是年收入的15%左右，用于购买缴费金额较少、保障额度较高、保险期在退休之前的定期寿险，并可以运用较长的缴费期化解缴费的压力，从而达到有计划储蓄和规避存在的意外风险的目的。

按照行业产品的综合表现，本金+收益+分红的保险投资是比较安全的，可以购买养老保险、重大疾病保险等，以保障规避在人生的青壮年阶段的风险。

初入职场的年轻人在未来几年的头等大事就是成家立业，虽然也许目前没有经济压力，但是结婚买房仍将是下一阶段年轻人理财的首要任务。对于这个目标，以目前我国个人普遍的收入水平来说，对许多收入不高的年轻人虽然很难实现，但这将是他们接下来一段时间奋斗的目标。

马军在一家广告创意会司已经工作一年多了，月收入4000元。公司有三险一金。虽然没有理财的经验，但他对理财很感兴趣，记录自己每月详细开销，每月除去房租水电衣食住行，能存款500元左右，工作了一年，一共攒了5000多元存款。马军有女朋友，近几年考虑买房。

不断上涨的物价让马军感到压力很大。作为一个理财新手，由于资金不多，马军不知道从何着手理财。

对于参加工作不久的马军，在今后人生当中有几件大事要考虑，需要大笔的支出：一是购买房子准备结婚；二是生儿育女的子女教育经费；三是养老计划。为了到时候有足够的资金应付这几桩大额的支出，需要未雨绸缪，尽早学会理财。

像马军这样收入不高、节余不多但又有理财需求的职场新人，走好理财的第一步尤为重要。从马军的情况来看，有储蓄意识，并且养成了记账习惯是非常难能可贵的。记账的好处是能够了解自己的消费结构，把必要支出与不必要支出做到心里有数，日后尽可能减少不必要支出，很多钱自然而然就攒下来了。

对于刚踏入社会的人来说最大的尴尬就是挣钱不多，但在工作的初始阶段，理财对今后发展的辅助作用是绝不可轻视的。即使收入不高，通过更加努力地工作与节流可以慢慢积累资金，到达一定数量就可以考虑购买理财产品。

年轻人可能开始不熟悉投资市场和理财产品，投资不可能会有太大收益甚至做亏了，不过资金量少，损失不会太大。而且失败经历也会使人印象深刻，积累投资理财的经验和总结教训，交完这笔投资理财的“学费”后；将来做更大投资时，再遇到同样的问题就能有效地规避风险了。

年轻是人生的资本，有时间去学习，有时间去积累失败和成功的经验，好好利用这段时间在理财上锻炼自己吧。

## “月光”族理财：有钱省着花

对于天天早出晚归、朝九晚五的工薪一族来说，没有谁会愿意当“月光族”，甚至是“透支族”。挣的不少，花的更多是“月光族”家庭的通病。所以，即使到了30岁以后，他们的口袋依然是囊中羞涩。但实际上，他们中的大多数正打算结婚或者有的已经结婚，还有住房按揭需要缴付，有小孩和双方父母需要照顾，他们要承担的家庭责任是很重的。

“月光”不只是因为花钱多，而且是因为挣得少，不会规划。很多人在年轻这个阶段是收入少而支出大，经济上常常捉襟见肘，这是特有的现象，没什么大不了的，人人也都是这样过来的。

但“月光”并不是“必然阶段”，“月光”不可以“心安理得”，放任自己去“月月光，年年光”、甚至去“啃老”，这是非常错误的。

要尽量缩短“月光期”，开源节流、增收节支，养成良好的消费习惯，变“月月光”为“月月盈”，手里有钱了，才能做到心里不慌。

那么，低薪“月光”怎样理财摆脱“月光”的生活和蜗居生活，早日进入财务轻松的自由阶段呢？生活中，很多的“月光族”都不知道怎样理财，也觉得自己摆脱“月光”无望，甚至破罐子破摔，一蹶不振，总是生活在困顿和无奈的唉声叹气中。

其实“月光”并不可怕，摆脱“月光”也不是难事，只要时时督促自己提高克制力，记住：理性消费是成年人应有的习惯，克制现在的消费欲望是为今后的人生做打算。尽自己最大的努力节省下每一分钱而实现有效地投资理财，可以帮助自己告别低薪“月光”的生活。

“月光族”要树立正确的投资理财观，学会一些浅显的理财知识，好好用心为今后的生活制订一个合理的理财计划，不要好高骛远，急于求成，也不要奢望一下子改掉“月光”的坏习惯，给自己一个充裕但不拖延的时间，逐步改掉大手大脚无节制花钱的坏习惯。

事实上，造成“月光”最大的杀手就是冲动消费的陋习。掌握自己的消费习惯，尤其在创业时期，控制消费非常必要，选择经济能力范围内的商品，有效控制消费次数，才不会负债累累。找出最易乱花钱的原因，好好分析一下是什么问题，是哪些方面的问题，是受别人的诱惑还是自己的本意，是偶发性的还是常有的情况？从这些问题中总结出易犯常犯的错误，准备好应对冲动的策略。

尽量多想想工作上的事儿，减少购买的欲望。还有，在刷卡前，一定要先问一问自己：这是必需要买的东西吗，如果这次先不着急，是否可以下次再买？这个月的工资还有多少，买了这个后还有多少钱可以干别的？仔细考虑之后就不会后悔了，钱包里的钱也可以用来干更重要的事儿。

“月光”族的理财关键在于节省。也许在单身的时候你已经习惯了做“月光族”，但当你真正开始持家的时候，你便会发现这是一种很不好的恶习，万一真的遇到不时之需，你便会感到囊中羞涩。想改变这种状态，却又害怕现在的生活方式被彻底改变，其实你不用那么紧张！只要用几招小小的省钱术，你就可以轻松地看紧自己的钱包，让它不那么容易瘪下去。

首先，摆脱“月光”要保证每月都有用来储蓄的钱，可以把储蓄分成两份：一部分存成半年期定期储蓄，一部分存成活期储蓄。这样，既不影响日常开销，又可以最大限度地增加利息收益。

等慢慢有了理财意识，也可以把钱投资基金，但规避投资股票等高风险理财产品所带来的风险。这里基金滚雪球式的复利增长能带来丰厚的回报，摆脱“负利率”时代通货膨胀对资金的蚕食。

多元化投资是基金运作的一个重要策略，可以根据不同的投资品种和投资策略，将资金分为一定比例，投资不同的品种，比如债券型基金，股票型基金都可以尝试投资，从而分散风险。等有了些理财的经验和知识，再做股票投资也不迟。

## 中等收入者理财：求稳健不冒风险

月薪5000元属于中等收入水平，对于一般的上班族来说，虽然已经相当不错，但是由于工作的原因开销也同样增加。因此，不适合选择某些高风险的投资理财方式。相对而言，中等收入者理财，应该遵循以下原则：

对于上班族来说，理财稳健仍是主要原则。对于不可预期的风险，应该依靠自己的现有收入来进行规划，尽可能地把风险转嫁出去，以实现财务的安全。

齐小利是北京某大型婚礼策划公司高级策划人员，工作5年，每月总收入约5000元。齐小利没有理财的习惯，再加上无家庭负担，所以她的工资基本上每月都花个底朝天，算是典型“月光一族”。随着周围的同事开始买房，齐小利也有了购房的想法；同时，她希望能有机会进行在职培训给自己充充电。因此，齐小利最近也有了一些财务压力，感到无所适从。如何进行合理理财，积累财富，成了齐小利的首要解决的问题。

这是齐小利每月财务的支出单：出门办事和上下班都喜欢“打的”，每个月的交通费约1000元；齐小利住单位的宿舍，房租水电约700元；人寿保险和意外险，每月支出约300元；日常的应酬费用约1000多元。此外，齐小利还喜欢买书、CD以及一些奢侈用品，每月开销大概也在1000元，还有齐小利每个月的上网费和手机费支出大约500元。

由上可知，齐小利目前每月的收支情况基本持平，要想实现购房的理想，只有增收节支双管齐下才可以；通过一些节约措施可以节省下来一些资金，如果再将节余的资金进行妥善的投资，那么将会逐渐积累起一笔可观的财富。“强制性”投资从她每月的开支看，有些支出是非常必要的，比如房租水电费、保险开支、餐饮费用和交通费用虽然都是必需的，但仍有一定的“压缩”空间，如在购书、CD以及一些奢侈品等方面就可以采取一些节约措施。所以，在能够保证生活质量的前提下，尽可能地将每月的消费控制在3000元以内，从而提高财富积累的速度。并且尽量减少在奢侈品以及吃喝玩乐上的开支，每月可以暂时拿出500元购买基金，把钱交给银行购买理财产品可以强制形成理财的习惯。

那么，对于像齐小利这样月收入在5000元左右的人来说，该如何理财呢？我们的建议是：

**1. 炒股资金不应太多**

月收入5000元的上班族，每月可以固定存入2000元，存期5年。由于银行的零存整取一般都有如当月存必须于次月进行补存，所以工薪族可以利用这种相对“死板”的规定，从而养成良好的定期储蓄的习惯。贵在坚持，5 年到期后可以进行购房等进一步的投资活动。

对于已经投放到股市里的资金，现在已基本占到了可支配资金余额的一半，考虑到财务的安全性，建议不要再继续追加投资，而且要尽量挑选基本面不错、财务状况优质的上市公司股票。

**2. 保险的购买方式**

购买的险种应该以保障为主，适当加大消费型险种的比例，这样可以获得比较高的保险保障，把无形的风险转移出去。对于工薪族来说，还可巧用家庭保单省保费。一张保障全家人的家庭保单，保费低、保险范围涵盖广，能将保险人、被保险人的配偶和子女都纳入保障计划比较划算。

**3. 投资基金也要“三分”**

月收入 5000 元的上班族，不妨每月多拿出一部分收入投资基金。其中 50%投资股票型基金，30%投资平衡型基金，20%投资债券型基金。剩下的余款，可以进行定期储蓄。这样既可以获得比活期更高的利息，也可以避免在需要用钱时提前支取造成所有的利息损失。

## 婚后夫妻理财：科学分配自己的财富

财务问题成为纠缠很多人婚后生活的一个重大问题。夫妻双方都有保证对方财务状况的义务。同时也要多学习理财的相关知识，科学分配自己的财富，让婚后的生活更惬意。对财务的合理规划是婚姻走向成熟的第一步。

通常来讲，由于每一个人的价值观和消费习惯上存在着一定的差异。在日常生活中，每一对夫妻都会发现在“我的就是你的”和保持个人的私人空间之间会存在这样或那样的矛盾和摩擦。如果一对夫妻中的一个非常节约，而另一个却大手大脚、挥金如土，那么，要做到“我的就是你的”就非常困难了，相互间的矛盾也就可想而知了。

虽然有很多的新婚夫妻因为财务问题处理的不妥善，吵吵嚷嚷、问题不断升级；但也有的小两口在面对这个问题时保持必要的冷静，经过磨合，掌握了一些很好的方法，从而使自己的婚后生活活达到了一种完美的和谐。这些方法包括以下几个方面：

### 1. 建立一个家庭基金

夫妻双方都应该意识到建立家庭就会有一些日常支出，例如每月的房租、电费、煤气费等有关开销，这些应该有一个公共的存款账号支付。根据夫妻双方收入的多少，每个人都应该拿出一个公正的份额存入这个公共账户。为了能使这个公共基金更加良好地运行，还必须有一些固定的安排，这样夫妻俩就可能有规律地并且充实公共基金从而合理地使用它。事实上，夫妻双方对这个共同账户的诚心也反映出彼此对自己婚姻关系的敬意。

### 2. 买保险做保障

每个人都应该买一份人寿保险。如果，其中有一方发生了不幸，另一方就可以有一些保障，至少在财政方面有一些保障。你可以投一个易于理解的险种，并对保险计划有一个更详细的了解。如果在与你的爱人结婚前，你已经买了保险，要记着使你的爱人成为你保险的受益人，因为这种指定胜过任何遗嘱的效力。

### 3. 监控家庭财政支出

网上下载一个财务管理软件，它可以使你们很容易地了解钱的去向。

通常，将夫妻中的一人作为家中的财务主管，掌管家里的开销。但是，这并不意味着家里的另一个人对家里的财务状况一无所知，也不过问。理财专家黛博拉博士建议可以由一个人付账单，而另一个人每月核对一次家庭的账目，以平衡家庭的收支，这样做能使两个人都有在家里处于平等经济地位的感觉。另外，那些有一定经验的夫妻往往每月会坐下来谈一谈，进行一次小结，商量一些关于调整消费的情况，比如再消减一些没有必要开支或者制订购买大件物品的计划等。

### 4. 保持独立

现代社会，保持独立是生活中的一条重要原则。许多理财顾问同意每一个人都应该有属于自己的私人账户，由个人独立支配。这种安排可以让人们做自己想做的事，比如你可以每个星期打高尔夫球，他则可以摆弄他喜欢的工具。花你自己可以任意支配的收入时不会有束缚感觉，这是避免纷争的最好办法。然而，要注意的是，你仍应该如实地记录自己的消费情况，就像对其他的事情一样，相互坦诚布公。这样两人之间的矛盾才会减少到最小。你要把你的爱人看作是你的朋友，要看作是帮你的财政顾问，这样婚后的生活才能更和谐美满。

### 5. 建立退休基金

如果你能活到一百岁，但是也许你的配偶没有与你同样长的寿命。基于这个原因，你们两个应该有自己的退休计划，可以通过个人退休账户或退休金的形式，使你的配偶（或孩子）成为你的退休基金的受益人。

### 6. 攒私房钱

许多理财专家建议人们应该攒一些私房钱。尤其是女人更应该储存一笔钱以便用它度过你一生中的困难时期。根据你所能承受的能力，你可以选择告诉或者不告诉你的配偶关于这笔用于防身的资金；如果你告诉你的配偶，你可以告诉他那是用来应急的资金，而不是感觉你在“压榨”对方的钱。

# 第五辑
# 掌握投资门道，让你一辈子生财有道

有位经济学家说：“懂得用知识的人最富有”，如此才能成为理财的赢家。说大一点，运用知识和掌握技术的能力，是21世纪贫富差距的关键。说小一点，自己懂得越多，赚钱越轻松。因此多学习掌握一些投资的门道，就能更熟练地掌握投资理财的技巧，规避投资中的风险。

## 找到财富之路，你才能站在财富巅峰

你会怎样规划自己的财富之路呢？也许你会想到在公司里找一个好职位；或者自己经营一家店铺；开一个公司，独立创业。但是，我们不妨想一想，那些有资金但没有时间自己经营公司的人在干什么呢？做投资。他们虽然没有时间自己去经营公司，但是，可以找一个好的项目，请一大批人才帮他们经营，而他们只需要投入资金就可以了。所以，他们才是站在财富巅峰，最会赚钱的人。

20世纪最伟大的投资家巴菲特就是这样的一位优秀的投资家。2001年《福布斯》杂志富豪排行榜上，他以323亿美元的资产位居第2，仅次于比尔·盖茨。我们不妨看看他是如何发家的。

1930年8月30日，巴菲特出生于美国内华达州的奥马哈市。他出生时，正值美国最严重的金融危机爆发，他的父亲在那个时候失业，贫穷的家境使巴菲特从小就立志改变自己的生活境遇。

5岁时，巴菲特就在自家门前向路人兜售从祖父的杂货店里批发出来的口香糖和柠檬汁。6岁时，在与家人去郊外度假时，他用25美分买了6听可乐，然后在湖边以5美分一听的价格卖给游人。9岁时，他就知道通过收集瓶盖来了解哪一种品牌的软饮料生意最红火。稍大后，他带领小伙伴们到球场捡用过的高尔夫球，然后转手倒卖，生意颇为红火。上中学时，除利用课余做报童外，他还与伙伴合伙将弹子球游戏机出租给理发店老板们挣取外快。

1940年，10岁的巴菲特随父亲去了纽约。在这个世界级的金融中心，他被华尔街股票交易所的景象迷住了。一年后，这个少年便第一次做股票投资，他以每股38美元的价格买进了一种公用事业股票，不久，这只股票的价格就上升到40美元，巴菲特将股票抛出。首次投资虽然赚得不多，却给他带来了无比的喜悦。

1947年，巴菲特进入宾夕法尼亚大学沃顿商学院攻读财务和商业管理。在没有确定自己的投资体系之前，他和绝大部分投资者一样做技术分析、听内幕消息。但是巴菲特从来就不是个盲从的人，他觉得教授们的空头理论不过瘾，两年后便不辞而别，辗转考入哥伦比亚大学金融系，成了著名投资专家、证券分析学之父本杰明·格雷厄姆的学生。格雷厄姆是个不同寻常的人。他告诉巴菲特，投资者的注意力不要老是放在行情显示屏幕上，而应放到发行股票的公司那里。投资者应该了解的是公司的赢利、资产负债和未来前景，只有这样，才能发现或计算出一只股票的“真正价值”或“内在价值”。他告诫巴菲特对华尔街要当心，不要听信传闻。

1956年，以“A＋”成绩毕业的巴菲特找工作时却多次碰壁。心灰意冷的他回到家乡，决心自己一试身手。当时，他身无分文，但是他坚信，老师教的那些原则是他成功的钥匙。在一次聚会里，他宣布自己要在30岁之前成为百万富翁，“如果实现不了这个目标，就从奥马哈最高的建筑物上跳下去。”1956年巴菲特建立了一个合伙公司“巴菲特有限公司”，正式开始了他的职业投资生涯。那时，巴菲特并不跑出去，听最新的消息，他只是呆在奥马哈的家中，埋头在资料堆里。他每天只做一项工作，就是寻找低于其内在价值的廉价小股票，然后将其买进，等待价格攀升。用这种方法他很快就得到了丰厚的利润。他的巴菲特公司第一年就集资50万美元。合作者们分享3/4的利润，巴菲特自己保留余下的1/4。第二年，巴菲特已经管理着五间小规模的公司，总资产有50万美元，但投资收益率高达10%。1958年回报率更高达41%，到1959年末，由巴菲特管理的资产已经比原来合伙人的投资翻了一倍。1962年到1966年的五年中，他公司的业绩高出了道·琼斯工业指数20%～47%，巴菲特合伙体投资回报较高的消息不胫而走，许多人找上门来，要求巴菲特管理他们的资产投资。到1966年，巴菲特管理的合伙资产已经超过了4400万美元。而巴菲特本人也在当年的《奥马哈先驱报》上获得“成功的投资业经营人”的名头。他实现了他的“百万富翁”狂言。

当众人都对高科技公司趋之若鹜时，巴菲特仍然坚持其保守的价值观。他说他对两类股票不感兴趣，一类是公用事业股，理由是利润固定的行业从来不在他的投资范围之内。另一类是高科技公司股票，“我自己对这类公司捉摸不透。如果我不懂，我就不投资。”40多年来，无论经济繁荣与否，巴菲特所持有的股票总体表现是出色的，它的平均收益率达到28.6%，从未出现过年度亏损。即使是在上个世纪的亚洲金融风暴波及全球时，巴菲特仍然以其稳健的风格，成为全球投资者竞相仿效的楷模。

在巴菲特的事业生涯中我们看到，在投资领域，如果你要做出成绩，就一定要有独立而有效的运作方式，对自己不熟悉的领域和不感兴趣的领域不要去投资，能够看到最大的利益差价会在什么样的地方产生，并且不盲从于他人，这才是一个优秀的投资者应该具备的。

## 树立风险意识：理财不是简单的投资

提起理财投资，马上会有人联想到，投资理财不就是如何将 10 万元变成 100 万、1000 万元吗？在这种错误认知的驱使下，不少人迷醉在股市神话里，做起了一夜暴富的美梦。极少数运气好的人也许中了头彩，发家致富。更多的人则是资金被套牢套现，最后血本无归，身背巨债。这样的例子比比皆是。

出现这种情形，人们一般归咎于技术操作上的失误。其实，除技术原因外，更重要的是理财观念不正确。作为个人和家庭，你如果想打理好自己的私人资本，首先就得树立起正确的理财观念。

作为投资者，你若想你的投资有本有息，那么这种投资伴随的将是较低的收益。你若想你的投资获得较高的回报，那么你将同时承担较高的投资风险。

首先，理财是一个动态的过程，它随个人和家庭以及市场的变化而变化。

比如随着个人或家庭收入的提高或减少，日常消费水平也随之提高或减少。又比如年轻人身强体壮、头脑敏锐，又无后顾之忧，因此在私人资本的处置上，尽可放手一搏，做进攻型投资者。

对中年人而言，正处于事业和财富创造的收获期，但同时上有老、下有小，家庭负担重，不宜冒进，应做攻守兼备型投资者。

而人到老年，医疗健康方面的需求增大，但赚钱的能力已落入低谷，进入被动消费（日常生活消费、医疗保健消费）的高峰期，而保险公司的保险费越来越贵，甚至不予承保了。因此在投资上，应做防守型投资者。

每个人要根据自己的实际情况及风险的承受能力来选择理财产品，不要随波逐流。

其次，遵循终身快乐理财原则。

理财的终极目标是快乐，自由。即在个人和家庭经济生活中建立三个体系：一是与收入相对应的日常生活消费体系，做到合理消费。二是与个人和家庭环境相对应的避险体系，做到未雨绸缪。三是建立起与个人和家庭承受能力相对应的风险投资体系，学会掌握风险投资市场的运行规律，瞅准最佳时机投资，以追求私人资本效益的最大化。

理财是一个长期的过程，需要时间和耐心，不可能一夜暴富。尤其是家庭理财，首要是保障资产的安全性，盈利性是第二位的。所谓“终身理财，终生有财”。

再次，全部投资工具都是一柄双刃剑，没有最好，也没有更好。

在现代社会经济活动中，任何一种投资工具，都有优劣两面。例如储蓄和国债，它的优点是投资安全，收益稳定；缺点是收益率太低，难以抵消通货膨胀带来的损失压力。股票的优点是收益回报率高，但同时也要承担投入资金大幅缩水的风险。

家庭可供选择的投资工具中，一般分为两类：一类为避险工具，包括现金、银行存款、保险、黄金、债券、外汇、房地产等；一类为风险投资工具，包括股票、证券投资基金、期货、各种纪念币卡、古董字画、彩票等。

其实避险工具与风险投资工具之间没有截然的区分。它们的区别仅仅在于避险工具投资的风险小，利润回报少；而风险投资工具，相对避险工具，投资风险大，当然获得高额利润的可能性也更大。避险工具如果运用得当，抓准时机，有时也能获得较大利润。

作为一名聪明的投资人，应该注意研究各种投资工具本身的特质和运行规律，再将它们结合起来进行比对分析，就能将各种避险工具和风险投资工具组合搭配使用，巧妙地避开市场周期中的低谷，冲击市场周期中的高潮。这样既可以发挥它们各自的投资获利功能，又能化解投资风险，特别是系统性的风险，扬长避短，盈亏互补。当然还要遵循一个重要前提，即：你投资的商品是具有市场潜力，有真正价值的，而不是一文不值的泡沫。

最后，正确认识不可变风险与可变风险。

个人或家庭无论投资与否，都是有风险的。这是为什么呢？因为即使你把所有的钱存进银行吃利息，这也是一种不可变的风险，也可以说是一种固定风险。因为通货膨胀必定会导致货币贬值。比如几年前猪肉不过四五元一斤，而如今却是一二十元一斤。最近粮油食品的上涨更是与每个人都息息相关。如果物价上涨指数超过了银行利率，那么存在银行里的钱就缩水了。

由此可见，将家庭节余的钱进行合理地投资，这种风险就转化成一种可变风险，或者说是可以控制的风险。只要投资得当，就可以化险为夷。关键在于，你有没有综合运用避险工具和风险投资工具的能力，在理财中出奇制胜，永远立于不败之地。

## 心理决定收益：整理财富要远离的误区

在投资理财过程中，人们通常更关注的是操作技巧，以及对市场基本面的详细分析，往往忽略了同样重要的心理因素，因投资失利而一蹶不振的投资者亦大有人在。因此，良好的心理素质，也是投资者不可或缺的必备因素！

2008年，因受不了股市煎熬的约翰毅然决定“割肉”离开股市，投资受挫的他心有不甘，想换一个理财产品来弥补自己的损失，最后，他将目光投向了如火如荼的黄金市场。由于受到了上一次的打击，想快速盈利的约翰将投资变成了投机，自从购买了实物黄金以后，一听见什么风吹草动，他便立刻卖出手中的黄金，而风头一过便又买入。

约翰如此折腾了一年多以后，扣除高昂的相关手续费，他不但没有获得一点利润，反而还亏了1万多美元，看着别人在火爆的黄金市场上都赚得盆满钵满，他非常不服气，于是，将自己仅有的3万美元再次投入黄金市场。

这一次，约翰非常幸运地遇见了一位贵人，这位贵人便是他的同事，偶然闲聊之中，他们才知道对方也在投资实物黄金，不同的却是约翰去年亏了1万美元，而这位同事却轻轻松松就赚了2万美元。究其原因就在于同事的心理素质非常好，既不诚惶诚恐，也不盲目跟风，而且，还不贪得无厌，只要达到了自己的心里价位，他便坚决放手赎回资金，再开始新一轮的投资。

2009年，通过这位贵人的开导与指点，约翰逐渐改变了自己的投资心态，他将以前投资失利的阴影从内心抹去，以一种积极向上的心理进入市场，不再被动接受市场的摆布。两年以后，金价开始直线上涨，直到2011年，他获得了50%多的收益，3万美元的本金也变成了5万美元。

这一次的成功，让约翰信心百倍，投资也越来越有魄力，他非常看好目前的黄金市场，并认为金价还会持续上升，于是，在2011年年初，约翰用5万美元再加上这几年积攒的资金，总共10多万美元继续购买实物黄金。直到2011年中旬，黄金价格直接冲破历史金价的最高点，达到了每克1700多美元，这让他10万元的本金瞬间变成了14万美元！

约翰第一投资黄金失败的原因，是他将投资的理财行为，变了一种投机倒把的赌博行为。黄金是一种用作长期投资的理财工具，因此，在黄金市场上快进快出的投资方式是不可取的，尤其对于相关费用较高的实物黄金市场，更不能够拿来当做投机的赌市。总而言之，投资者绝不可拿黄金来赌手气，因为被赌博冲昏了头脑的人，非常容易会损失惨重。

造成投资失败的心理，主要有以下几点，投资者应当予以避免：

### 1. 投机赌博心理

投资者不可能在短期内牟取暴利，而带着赌博心理进行投资理财更不可取了，因为投资理财注重的是长期投资，而不是一时的运气。

### 2. 盲目跟风心理

盲目跟风是投资者常犯的一种错误，因为很多人都想当然的以为群众就是市场，这种跟随大家一起入市的投资者，永远只是跟在别人的后面，匆忙的买入或卖出，根本得不到什么收获，造成大多数投资者的亏损，所以，投资者要有独立的投资意识，切忌不能随波逐流。

3. 贪得无厌心理

对于投资者来说，适可而止，就是可以接受的“贪”，而贪得无厌，超过了一定限度的贪便是“贪婪”了。其实投资理财很简单，只要我们不贪婪，买卖有度才能更易获得成功。相反，见利就要、寸厘不让的贪心，会导致我们因这一时的贪心，忽略了对经济形势的判断，从而错过行动的良机，最后造成了自己投资的失败。因此，投资者要及时纠正自己贪得无厌的理财心理。

4. 犹豫不决心理

举棋不定、犹豫不决，一直都是投资理财的大忌，就算投资者在进入市场之前，已经制订了一套完美的投资计划，但由于受到这种心理的影响，依然还是会犹豫不前，想在最稳妥的时候进行交易，殊不知，很多时候，往往正是在自己左挑右选的过程中，才错过了最佳的时机。

5. 诚惶诚恐心理

有些投资人因受到外界因素的影响，对投资前景失去了信心，从而感到恐慌，其实这完全是没有必要的。作为一名投资者，在面对市场的不利消息时，最应当做的是先保持镇定，然后在仔细分析消息的可靠性以后，再做出明智的选择，而不是自乱阵脚使得自己手忙脚乱。

# 储蓄让自己得到更多的成功机会

拿破仑 · 希尔对存款的意义有更深层次的思考，因此他在《思考致富》一书中指出："对所有成功者来说，存钱是他们必做的功课之一。"一个人想要成功，储蓄是不可缺少的。一个人如果不去储蓄，一是他将无法获得持有现金的人才能获得的成功机会，二是在遇到急需现款时将无法应付。

巴布托在一家小印刷厂工作，周薪是 150 美元，他在银行开了一个户头，每周存款 50 美元。很快，他有了 10000 多美元的存款。

这一年，印刷厂发生财务困难而面临倒闭。

热心的巴布托拿出自己存下来的 10000 美元来挽救印刷厂，作为回报，印刷厂的老板给了他一半的股份。

做了老板的巴布托在印刷厂采取了严密的节约制度，很快工厂还清了所有的债务。第二年，工厂开始盈利，他每年可从厂里拿到 250000 多美元的红利。

如今巴布托已经是一个大型印刷厂的老板了。

巴布托的成功源于对财富的积累。要是没有那每周存下的 50 美元，那么他就没有能力去挽救印刷厂，更不会当上印刷厂的老板了。可以说，很多成功人士往往都离不开存储的金钱，从某种意义上说，是储蓄给了他们成功的机会。

福特汽车公司刚成立时，推动汽车的生产及销售需要资金。于是，亨利·福特向有存款的朋友求救，柯仁斯是一位参议员，手上有一些积蓄，他和福特的其他朋友一起，很快给福特凑出了几千美元。后来，柯仁斯和福特的那些朋友获得几百万美元的红利。

最初的洛克菲勒只是一个普通的簿记员，虽然周薪只有40美元，但他每周会坚持存上10美元。洛克菲勒十分钟情于石油事业，虽然发展石油事业急需大量资金，但由于他已养成了储蓄的习惯，因为已经有了维护其他人的资金，所以他很顺利地借到了所需要的资金。

已故的摩根先生曾说，他宁愿贷款100万美元给一个品德良好而且有储蓄习惯的人，也不愿贷款1000美元给一个没有品德且只知花钱的人。

从这些成功者的经历和言语中我们不难发现，机会只能提供给那些手中有余钱的人，或是那些已经养成储蓄习惯，而且懂得运用金钱的人。

对所有的人来说，存钱是成功的基本条件之一。其实，储蓄是最传统、最普通的理财手段了。储蓄是一种习惯的培养，以下介绍的几种储蓄法，用心去学，一定会让你养成存储的习惯的。

目标储蓄法。我们应根据家庭实际收入状况，制定切实可行的储蓄措施，以实现储蓄目标。

计划储蓄法。每个月领取月薪后，可以留出当月必需的生活费用和开支，将余下的钱按照用途分配好，最后将余钱选择适当的储蓄品种存入银行。

节约储蓄法。减少不必要的开支，杜绝随意消费和有害消费，用节约下来的钱参加储蓄。

增收储蓄法。家人在日常生活中，如遇上增薪、获奖、稿酬、亲友馈赠和其他临时性收入时，可权当没有这些收入，将这些增收的钱及时存进银行。

## 向内行人求教，你不再是理财的菜鸟

懂得理财的人才能走向成功，因此“合理安排钱财”成为他成功定律的一部分。但遗憾的是，在现实生活中，有一些人收入非常丰厚，但是他们的生活却经常因为缺钱而苦闷，其中的原因就是缺乏理财的能力。这些人很会挣钱，但却不会合理安排钱财。那么，当下人该如何提高自己的“财商”呢？

当下，很多人意识到理财的重要性，甚至专门聘请了专业的投资理财顾问，帮助他们规划理财目标，制定理财方案。所以，假如你是一个理财的菜鸟，那么就多向内行人请教。

如今，银行也开办了代客理财业务，民间也有专业的投资顾问咨询机构和管理顾问公司，他们都能为我们提供各种个性化的中长期的理财规划。所以，不懂理财没关系，只要你乐于请教，你也会因为“合理安排钱财”而获得成功。

巴比伦最有钱的人叫做阿卡德，他的富有就是源于善于向他人请教。

阿卡德最初是一个陶砖雕刻工，有一天，富翁欧格尼斯急着让他雕刻一块陶砖。阿卡德说，他愿意熬夜赶着雕刻，但条件是要欧格尼斯告诉自己致富的秘诀。

欧格尼斯同意了。

当阿卡德及时完成了雕刻工作后，欧格尼斯告诉阿卡德："致富的秘诀是，将赚的钱存下来一部分。不管你赚的多么少，你一定要存下十分之一。"

一年后，当欧格尼斯再来的时候，得知阿卡德照着做了，就问阿卡德："那存下来的钱，你如何使用呢？"

阿卡德说："我把它给了砖匠阿卢玛，让他从菲利人那里带回稀有的珠宝，我们把这些珠宝卖出去，然后平分利润。"

欧格尼斯听后对他说："只有傻子才会让砖匠去买珠宝，下次你买珠宝的时候，应该去请教珠宝商，买羊毛去请教羊毛商，和外行人做生意，你的存款一定会赔光的！"

果然，阿卢玛被菲利人骗了，买回来的是玻璃，只是看起来像珠宝。

阿卡德继续存下所赚的钱的十分之一。第二年，欧格尼斯再来的时候，知道情况后他又询问阿卡德："那存下来的钱，你如何使用呢？"

阿卡德回答："我把钱借给了铁匠去买原料，然后他付我利息。"

欧格尼斯说："不错，那么你如何使用你的利息呢？"

阿卡德说："我把赚来的利息拿来吃了一顿大餐，并为妻子买了一些首饰，我还计划买一头驴。"

欧格尼斯听后叹了口气说："你把钱的'儿子'吃掉了。记住，只有当你赚了足够的财富时，你享用后才会没有后顾之忧。"

又过了几年，欧格尼斯又来问阿卡德："你成为一个富有的人了吗？"

阿卡德说："还没有，但是我已存下了一些钱，然后让钱生钱。"

欧格尼斯又问："你还会向砖匠请教事情吗？"

阿卡德说："我只向他请教造砖的事。"

欧格尼斯说："我想，你已掌握了致富的秘诀。第一你学会了储蓄，其次你学会了向内行的人请教意见，你还懂得让钱为你工作。"

这个故事看似简单平常，却反映了八千年前的巴比伦人理财的智慧：致富之道在于听取专业的意见，成功的人都是善于管理、维护、运用、创造财富。那些愿意打开心胸，听取专业的意见，就会掌握正确的理财方法。懂得将金钱放在稳当的生利投资上，让钱生钱，源源不断地去创造财富。古老的理财致富之道，到现在还是一样可以适用。当你学会并运用它们之后，你也会掌握获得财富的智慧，这样，你就有可能快速变成一个富有的人。

## 不要只顾眼前，一定要多看几步

当你积累了一定的资金，想要投资理财的时候，你除了要有经商的心理准备之外，还要有敏锐的眼光，可以预测未来发生的事情，不要只顾眼前，那样的人永远只能跟在人们后边，赔钱是肯定的。我们都知道，在这个世界上，最会赚钱的就是犹太人，他们似乎人人都有赚钱的天分。其实只要你抛开神奇的传说，认真地看看犹太人的发财秘诀，你就知道原因是什么了。

来看看北美奇才哈利小时候是怎样在寒冷的冬天把饮料卖掉的吧。

哈利十五六岁时，在一家马戏团做童工，在场内叫卖小食品。但天气寒冷，观众不多，买东西吃的人很少，饮料更是无人问津。小哈利想：怎么让人们在冷天也需要饮料呢？他脑瓜一转，想出了一个好办法，他大声喊道："来看马戏，谁买一张票就免费送你一包好吃的花生喽！"有这样的好事？人们纷纷从四面八方聚拢过来，买的人越来越多。人们津津有味地品尝着花生，觉得这些花生比平常的花生好吃，不过越吃越口渴。原来这些花生加工时撒上了一些盐，没过一会儿人们就想喝点什么了。小哈利乘机推销他的饮料，口干舌燥的人们顾不得那么多了，纷纷掏钱购买小哈利的饮料。这样一来，小哈利一天卖出去的饮料居然相当于过去一个月的销售量。

看起来神奇的妙计，如果仔细分析一下，小哈利不过是善于谋划，比别人多看到几步而已。我们来看看小哈利的这几步是怎么走的：

第一步，要想卖出去饮料，在冬天似乎很难，那就要借助其他东西作为中转，来间接地实现自己的意图，于是看看手里的东西，就是花生了。第二步，把花生全部撒上一点盐，这样花生就变咸了，咸花生的味道不仅香了，更重要的是，借助咸花生，可以卖掉自己的饮料了。第三步，把咸花生和票捆绑在一起，免费地赠送给来看马戏的人，这样做的目的就是吸引那些贪图便宜的人前来，为更多地推销自己的饮料打好顾客数量上的基础。

其实多看几步，不过是要多做思考，多想几个可能性罢了。因此，多想几步，多几个谋划，做好各种准备，事先多方面计划，把各种可能性都考虑进去，尽量利用对自己有利的一面，想办法克服对自己不利的一面，促进其向好的方向发展。因为任何一件事物都有两面性，有利的方面也不总是好的，不利的方面也不总是坏的，如果你利用得当，它就是有用的。任何的不利和有利都是站在某个角度来说的。

比别人多看几步就决定了你是否可以发财，你能想到未来的发展情况有多远，那你的成功就有多远。

麦当劳的创始人雷·克洛克在遇到一对兄弟时已近暮年，并且一事无成，而这对兄弟却改变了他以后的人生。因为这两兄弟有一个绝好的主意，但没有信心去做。于是他俩没要多少就把自己的点子连同名字都卖给了雷·克洛克。后来雷·克洛克跨入美国最富有的阶层，身价高达数亿美元。那么，这两位兄弟是谁呢？他们就是麦当劳兄弟，每当人们吃一份以他们的名字命名的汉堡包时，就不免会想起雷·克洛克，他代表了一位智者的眼光、勇气和恒心，是他把麦当劳办成了一个成功的连锁企业，而不是那两位叫麦当劳的人。

而今，麦当劳在全世界拥有3万多家分店，每天有近5000万名顾客，它是世界上最大的快餐连锁店，其收入每年都以12%～15%的速度增长。

由此看来，同样一件东西，人的聪明才智不同，用法不同，效果就会有天壤之别。差别不在于东西本身，根本的原因在于其用与不用和会用不会用，即一个眼光问题。正如拥有好主意的麦当劳兄弟没能使自己成为巨富。

如果你想投资经商，那么你在筹划大事的时候，应该问问自己：我能想到第几步？《红顶商人胡雪岩》中有这样一段话：“如果你拥有一县的眼光，你可以做一县的生意；如果你拥有一省的眼光，你可以做一省的生意；如果你拥有天下的眼光，那么你可以做天下的生意。”这也充分说明了一个道理：在生意场上，你有多广、多深的经营眼光，往往决定你的生意能够做多大及你以怎样的方式来赚钱。

# 下篇

# 掌握技巧让钱生钱，你会有钱又有闲

在中国大多数老百姓眼里，银行是他们惟一的理财渠道，个人理财投资给他们带来的利益无非就是“存钱生利”，投资理财服务也仅为简单的“存、汇、兑”。而现如今，存款、贷款、股票、债券、投资信托、租赁、基金、保险等各种金融投资理财工具，无不使个人投资者眼花缭乱。你的钱可以买房子，可以买股票，可以买基金，可以买古董艺术品……总之，你的钱不一定要都放在银行里，你也不再仅仅依靠工资收入；钱可以生钱，钱从“死钱”变成“活钱”。

# 第一辑
# 理财达人的存单，不只是存存取取那么简单

投资理财离不开储蓄，但大多数人在把钱存入银行时之所以没有进行合理的规划，主要是因为他们对储蓄种类的知识没有充分的了解，从而无法选择适合自己的储蓄方式。试想，把钱放进去就能得利的事，因为你不了解而失去财富增长的机会，不是很可惜吗？

## 了解储蓄那些事，你就不受穷

我们应该注意到，基本的储蓄种类能适应我们的货币收支特点和资金活动规律。目前银行的储蓄种类一般分为定期和活期两类。你的存法不同，收益也不一样。

**1. 定期储蓄**

定期储蓄存款是指我们在存款时事先约定存期，一次或分次存入，一次或多次支取本金或利息的一种储蓄方式。一般来说，定期储蓄的存期与利率是成正比的。定期储蓄又分别设置了整存整取、零存整取和存本取息三种方式。

整存整取定期储蓄存款是指储户事先约定存期，本金一次存入，到期

之后一次支取本息的一种储蓄方式。

我国银行现行的存期有3个月、6个月、1年、2年、3年和5年等档次。开户时银行发给储户存单（折、卡），到期凭存单（折、卡）支取本息，为了安全起见，一般要你预留印鉴或密码，凭印鉴或密码支取，如储户急需资金，可凭身份证到原有的银行办理提前支取。这种储蓄存款的存期可以是自由确定的，存单（折、卡）实行实名制，可以挂失，适合于有一笔较大数额的节余款项，且较长时间不用的储户。

零存整取定期储蓄存款是指储户开户时预先约定期限，逐月存入本金，到期一次性支付本息的一种定期储蓄。它具有计划性、约束性和积累性等特点。

存本取息定期储蓄是指储户一次存入整笔本金，按月或分次支取利息，到期支取本金的一种储蓄方式。开户时，由储户确定一次性存入的金额，约定存款的期限和支取利息的次数。银行签发记名存单作为分次支付利息和归还本金的依据。为了安全起见，可预留印鉴或密码。该储种不办理部分提前支取，如提前支取本金，已分期支付给储户的利息要全部扣回，再按实际存款计算应付的利息。存本取息定期储蓄一般起存的金额较高，适合于有大额积蓄并以利息补贴生活费用的储户。

**2. 活期储蓄**

活期储蓄是指开户时不约定期限，存取款数目不受限制，储户可随时存取的一种储蓄方式。活期储蓄存款来源于人们生活待用款项和滞留时间较短的手持现金。活期储蓄具有存取方便、灵活、适应性强、流动性大的特点。活期储蓄分活期存折储蓄、活期存单储蓄和活期支票储蓄三种。

活期存折储蓄是开办时间比较早的储种之一。开户时1元起存，多存不限，银行发给存折，以后可凭存折随时存取，按时结息一次，7月1日开始利息并入本金一并生息。未到结息日清户的可同时结清利息。

为安全起见，一般开户时可以约定凭印鉴支取或凭电脑预留的密码支取。银行开办、代发工资的业务后，一般将职工工资转入活期存折储蓄。

活期支票储蓄在开户时由储户申请，经银行审查信用同意后，发给储户活期支票证明卡、活期支票簿和现金存款单。开户时起存金额各银行有不同的规定，续存时可凭现金存款单存入现金，也可使用支票转账存入。取款时凭储户签发的支票办理支取现金或转账结算。储户不得签发空头支票，否则银行将按规定处以罚金。

**3. 其他种类**

定活两便储蓄。整笔存入本金，不定存期，随时可以支取的一种储蓄，其利息随存期长短而定，兼有定期储蓄和活期储蓄的特点。开户时发给储户定额或不定额存单，不定额存单采用记名的形式，定额存单采用不记名的形式，不挂失，可在同城本行各储蓄网点通兑。该储蓄的特点是不受时间的限制，随时可取，保密性强，适用于时间不定的待用款项存储。

活期储蓄异地通存通兑储蓄。储户办理此项存款应先在当地开办此业务的银行申请开办，由银行发给专用活期存折，并约定在异地存取款时持合法身份证明，储户既可在当地银行存取款，也可凭约定证件到异地存取款。银行每笔业务收取手续费，该储种解决了人们外出携带巨额现全的不便。

定期储蓄一本通。该种储蓄是集人民币、外币等不同货币和多种存款于一折的整存整取储蓄存款方式，具有以下特点：为储户提供一个便于保管的储蓄账簿，可以随时了解自己的存款情况；对银行来讲，省去了重复输入同一客户姓名、账户、地址的时间，提高了银行工作人员的办事效率；储户的多项存款只需一个账号，便于查询和挂失。

活期储蓄一本通。该种储蓄可以将同一储户名下的人民币、外币活期存款记录在一个存折上，它具有以下特点：便于保管，不同货币的活期存款在一个存折上记载，省去了原来同一客户有多种货币，需要开立若干个活期存折的麻烦和不便；便于参加个人外汇买卖的交易。银行资金部为客户开设了个人外汇买卖，参与外汇交易的客户开立此种账户，在进行外汇买卖时可以在一个存折上进行多种货币买入和卖出的转账，既快捷又方便。

通存通兑。目前银行普遍使用计算机处理业务并且联网，储户在任何一个联网储蓄所开户后，都可以在其他联网所办理续存支取。该项业务范围包括：活期储蓄的续存、取款和转存；整存整取定期储蓄的提前支取、到期支取、逾期支取和转存等。

教育储蓄。目前除了教育储蓄外，如果家里有子女正在接受义务教育（小学四年级或以上），家长需要为其未来的出国留学、本科或研究生学习及其他非义务教育积蓄资金，可以选择教育储蓄的方式作为储蓄存款的形式。

以上几种存储方式，有的适合长期的储蓄，有的适合短期的计划。不同的存储方式，适合的人群也不尽相同。如果你想通过储蓄来积累财富，那么在此之前你就要选择适合自己的存储类型，在存储之前不妨先对这些储蓄类型和其他相关知识进行一番详细的了解，这样才能做到有的放矢。

## 储蓄计划严格执行，财富才会有积累

储蓄是一个积累的过程，要看到储蓄的成效，最重要的是持之以恒。不过，容易被诱惑的工薪一族，在实际生活中，总是不能严格执行储蓄计划，工作三五年了，口袋里还是空空如也，感觉白忙了好几年。这个月，你可能被一个新款的衣服所吸引，于是决定：“下个月，一定要开始存钱！”到了下个月，你又被一个漂亮的包包所诱惑，又对自己说：“下个月，一定开始存钱！这次是真的！”下个月，下个月，为什么总是不能将你的储蓄计划坚持下去，落到实处呢？

李小群工作到第二个月的时候，李妈妈就以她的名义在银行开了一个账户，每月固定存入1000元。那个时候，李小群的工资全部加起来还不到2000元。一开始，李小群非常不乐意，看着同时和自己参加工作的女伴，每月发了工资，她们都可以随心所欲地购买自己心仪的服装和化妆品，而自己却只能小心冀翼地计算着过日子。因为这个事情，李小群可没少抱怨妈妈。无奈，妈妈丝毫不为之动摇，还是一如既往地到了李小群发工资的那天，不忘提醒李小群把钱按时存入账户。

几年以后，李小群才逐渐意识到自己的账户里有很多的钱。现在，李小群准备用妈妈让她存的钱投资了。当然，现在李小群最感谢的就是妈妈了。如果不是妈妈从一开始就强制她储蓄，使她养成了量入为出、不盲目消费的好习惯，李小群也就没有这些可以用来投资理财的充足资金了。

李小群的经历，恐怕每个人都曾经有过吧。幸运的是李小群有一个聪明的妈妈，可以督促和监督李小群严格的执行储蓄计划。可不是所有的人都像李小群一样幸运。那我们又该如何将储蓄计划执行到底呢？

我们应该为自己制定一个合理的、可执行的储蓄计划。在制订这个储蓄计划时，应注意以下几方面：

（1）结合自身情况，合理的选择储蓄种类，绝对不能犯一些低级错误，比如把急用的钱存成定期，想用却取不出来；把几年都不用的钱存成活期等。当你去银行储蓄时，最好想清楚你想怎样存，想存什么种类的，这样一来，你就不会再犯这种低级错误了。

（2）根据自身的生活安排，同时结合自己的实际情况选择适当的存期。存期太短，利息收入就会减少；反之，如果存期太长，需要时又不能提前支取。

（3）根据自己的实际情况，确定储蓄的额度。无论是过度消费，还是过度储蓄，都不是科学合理的理财方法。在家庭的总收入中，应先扣除各种必需的和可预见的支出，将剩下的钱在各种金融资产中进行分配，然后再确定一个适当的储蓄额进行储蓄。

工薪一族在制订储蓄计划时，一定要注意上述的几个原则。我们只有制订出一份合理、可执行的储蓄计划，才能为以后的执行打下一个良好的基础。

制订了合理的储蓄计划，接下来要做的事情，就是坚持到底。为了以后好一点，你就要现在对自己“狠”一点，每个月发了工资，马上就把你计划用来储蓄的钱存入银行，这对于那些很难抵挡住诱惑的工薪一族来说，绝对是一招釜底抽薪的好方法。不能随意消费的日子的确是很不舒服，自己的心里也就不好受，那么这时你就晒晒自己的存折吧，看着自己存折里的钱越积越多，心里是不是就会喜滋滋的？日子也就不那么难过了吧！

## 了解存款的计息经，让你获得更多的利钱

前面说过，目前我国银行常有的人民币存款方式有：活期存款、定期存款（不同存期）、零存整取、定活两便、协定存款、通知存款等。用户

要想获得更多的利息，就要根据自己的实际需要对存款方式进行挑选和组合，以求达到方便使用和获取最大收益的目的。

存，即要求你每个月固定地从收入中提取一部分存入银行的账户。懂理财的人一般会提取 10%～20%的收入存入银行的账户。

很少有人注意到存款也要注意的顺序，一般来说是先存再消费，千万不要在每个月的月底等消费完了以后再把剩余的钱拿来存，这样很容易让你的存款计划泡汤。如果每月用于储蓄的存款用定期存款的方式存起来，就这样坚持几年，你的手上将会积蓄起一笔数额不小的资金。

定期存款的方法主要有：

### 1. 每月存一笔定期存款的 12 存单法

懂理财的人每月提取工资收入的 10% ～ 15%做一个定期存款单，他们一般不会直接把钱留在工资账户里。因为工资账户一般都是活期存款，利率很低，如果大量的工资留在里面，无形中就会损失一笔利息收入。

懂理财的人会将每月定期存款单期限设为一年，他们每个月都这么做，一年下来就会有 12 张一年期的定期存款单。这样，从第二年起，每个月都会有一张存单到期，如果有急用就可以使用到期的存款单支取，也不会损失存款利息；如果没有急用，这些存单可以自动续存，而且从第一年起可以把每月要存的钱添加到当月到期的这张存单中，继续滚动存款，每到一个月就把当月要存的钱添加到当月到期的存款单中，然后再重新做一张存款单。

12 存单法的好处就在于，从第二年起每个月都会有一张存款单到期供自己备用，如果不用则加上新存的钱，可以继续做定期。这样既能比较灵活地使用存款，又能得到定期的存款利息，是一个两全其美的做法。

### 2. 阶梯存款法：适用于单项大笔收入

有一种与 12 存单法相类似的存款方法，这种方法比较适合与 12 存单法配合使用，尤其适合年终奖金（或其他款项的大笔收入）。具体操作方法：假如你今年年终奖金一下子发了5万元，那么你可以把这5万元奖金分为均等的5份，各按1、2、3、4、5年定期存这5份存款。当一年过后，把到期的一年的定期存单续存并改为5年定期，第一年过后，则把到期的两年定期存单续存也改为5年定期，以此类推。5年后你的5张存单就都变成了5年期的定期存单，使你每年都会有一张定期存单到期。

这种储蓄方式既方便使用，又可以享受5年定期的高利息，是一种非常适合于一大笔现金的存款方式。假如把一年一度的“阶梯存款法”与每月进行的“12存单法”相结合，那就更好了。

### 3. 巧用通知存款：利息高于活期存款

对于手头有大笔资金准备用于近期（3个月以内）开支的人，他们会利用“通知存款”来理财。假如你手头有10万元的现金，拟于近期首付住房贷款，但是又不想把这10万元简简单单地存个活期，损失利息，这时你就可以存7天通知存款。这样既保证了用款时的需要，又可享受1.35%的利息，这是0.35%的活期利率的3.85倍。举例来说，用50万元如果购买7天通知存款，持有3个月后，以1.35%的利率计算，7天存款的利息收益为1664元，比活期存款利息431元的收益高出1232元。

### 4. 利滚利存款法：获得二次利息

精明的理财者往往会用利滚利存款法去多赚一笔。具体操作方法是：如果你有一笔8万元的存款，可以考虑把这8万元用存本取息方法存入，在一个月后取出存本取息储蓄中的利息，把这个月的利息再开一个零存整取的账户，以后每月把存本取息账户中的利息取出并存入零存整取的账户，这样做的好处就是能获得二次利息，即存本取息的利息在零存整取中又获得了利息。不怕多跑银行的人，可以试试这个方法，效果还是很好的。

## 钱不用放在卡里了：小钱存入“余额宝”

在很多人的概念里，能给予理财者存钱、得利的只有银行，但从2013年6月17日起，这种局面彻底改变了。2013年6月17日，支付宝推出了余额宝。这是由国内首个第三方支付平台支付宝倾力打造的一项余额可以增值服务。用户把支付宝里的钱转到余额宝后，用户可以得到不错的收益。

那么，什么是“余额宝”？简单地说，就是借记卡里的钱不用放在卡里了，放在“余额宝”里更划算，它虽比不上定期存款的收益，但是已经远高出银行活期数倍。而且，支付宝里偶尔余出的闲钱也可以转入“余额宝”，还能生出收益，不必再把小钱提现。正是利用稳定并且持续增长的用户基数和无孔不入的便捷支付方式，专挣银行看不起的小钱，“余额宝”让人们理财更容易。

王明娟是北京大学的大三学生。作为家里的独生子，春节她一共收了5000多元的红包。她把钱放在“余额宝”，每天收益居然有1.5元，“别看少，积少成多，比定期存款值多了。”谈及“余额宝”，王明娟总是这样开心地说。

在2013年7月份之前，王明娟对“余额宝”之类的互联网一窍不通。暑假在家时，王明娟看到已经工作的表哥熟练地用手机从银行卡里转10万元进了一款理财产品，王明娟还觉得表哥是“疯了”——居然把这么一大笔钱放在虚拟的网络里。但表哥却不以为然，经过表哥的一番“开导”，她明白了“余额宝”比银行定期存款利息高，安全性也有保障。

离开学返校还有1个月，她就提前跟父母要走了整个下半年的生活费，准备利用“余额宝”“攒点儿收益和经验”。

在学校里，很多人都和王明娟一样，从过去按月向家里要生活费，改成了整学期甚至整年一次性支取，然后放进理财工具里。

“口袋里留个两百块钱就够了，反正互联网理财产品的提现速度很快。”大学生小刘说。又说，他们去年秋季开学时，甚至晚交了几天学费、住宿费，以求多获得理财收益。

通俗地说，“余额宝”就像是支付宝的存款业务，存款的“利息”则源于货币基金“增利宝”的收益。支付宝官网显示，截至2014年6月16日，增利宝的7日年化收益率为3.981%。如此计算，10万元存银行活期利息350元，如通过余额宝收益能达4000元。

与普通货币及银行理财产品相比，这款产品的便利之处还在于，没有设置最低理财限制，1元钱即可认购。

余额宝的几大特点：

**1. 操作流程简单**

余额宝是将基金公司的基金直销系统内置到支付宝网站中，用户将资金转入余额宝，实际上是进行货币基金的购买，相应资金均由基金公司进行。就比如我们把钱存入银行就只能得到利息，但是安全系数高，而通过余额宝进行基金购买的话，相应的利润要高，相当于一种投资，它的收益值也是不同的，钱由基金管理，收益是投资收益，与支付宝有了区隔，可以降低支付宝备付金的比例。

**2. 购买金额没有限制**

就是你有几块几十块钱都是可以直接通过申请余额宝进行转入之后就

可以购买基金，而相对于炒股或者线下基本投资的话，就是起点比较高，可能一般的用户都很少涉及，这也让大家多了一个理财的方法。

3. 安全有保障

不管是支付宝还是余额宝，它最先保障的就是用户金钱的保障，而这也是支付宝一直备受广大用户喜爱。而余额宝同样为用户提高了交易安全。如果用户妥善保管你的账户和密码，账号密码没有被泄露的话基本上就不会出问题。

## 理财规划经典案例分析

### 1. 普通退休职工，存本存息法让钱利滚利

李子龙和老伴是一对普通退休职工，女儿结婚用去了他们大部分积蓄，面对银行里的 8 万元，他开始担心起自己和老伴以后的生活。在李子龙决定理财投资时，他不但要注重财富的收益，还要考虑资金的灵活性，因为老伴患有胃病，一旦发作就必须用到钱，为了解决这一难题，他只能求助于理财专家，专家向他推荐了“存本存息”，这是一种使定期“存本取息”效果达到最好，且与“零存整取”储蓄结合使用，从而产生“利滚利”效果的储蓄方法。

于是，李子龙将 8 万元放在 7 天通知存款的存折 A 中，每个月他都会取出利息，并将利息存入零存整取的存折 B 中，以后每个月都做一次存取的动作，这样一来，不仅本金部分得到了利息，产生的利息还能继

续获得收益，而对于老伴随时可能因心脏病入院，而急需用钱的情况来说，这种储蓄方法也不妨碍8万元本金的支取，以应对老伴可能发生的入院需要。

李子龙粗略计算了一下自己的收益，本金为8万元，由于7天通知存款利率为1.35%，一个月之后，他可以获得的收益为80000×1.35%/360×7×4=84元，而根据零存整取一年期1.71%的利率，每月取出来的84元利息，在一年后将会获得本息为84×12×1.0171=1025.24元。

因此，李子龙在基本不影响随时支取本金的前提下，获得了每一年1025元的利息，而相比较之下，如果将8万元全部放在活期账户，则每年的利息仅为80000×0.36%=288元。这两种储蓄方法之间的利息差异，竟然达到了1025.24 — 288=737.24元之多！

李子龙的案例提醒我们，每一项理财投资都应当明确目标，以满足我们自身的财富需要，投资者必须首先为自己设定一个目标，这个目标就是我们理财的方向，惟有明确了这一点，我们才能够一步一步地接近成功，如若方向不对，那么，我们所有的努力都可能是在白费力气。

## 2. 存单四分法，让资深买家逼近最大存利率

杨雨馨是一个拥有多年网购经历的资深买家，看着身边的朋友们都收获着高利息，她也想能够有所转变，为此，她尝试过强制储蓄，一发工资就把大部分钱存入定期账户，但耐不住购物的欲望，每次都以失败告终，账户里剩下的钱，也就只能享受0.36%的活期利率。无奈之下，她求助于理财专家。

杨雨馨发现自己的消费特点，在于每次用钱的具体金额、时间不能确定，而且，既想让钱获取“高利”，又不能克制自己的消费，导致每一次

用钱之后，定存全部自动折为活存。因此，杨雨馨接受了理财专家推荐的“存单四分法”，所谓存单四分法，即把存单存成四张，是一种将现金分割成多份，然后分别进行储蓄的方法，当然，可以分为四张，也可以分成更多张。

杨雨馨每个月的收入为6000元，除了日常开销确定支出的2000元外，剩余的4000元，她存为两张500元、一张1000元和一张2000元，储蓄时间均为一年。假设支取的现金在500元以内，或者在1000～1500元的区间，就只需要动用500元存单或1000元存单。

事后，杨雨馨发现只有一张500元的存单在六个月时被动用过，她为自己的这种储蓄算了笔账，发现总共获得的利息为3500×2.25%+500×0.36%/2=78.75+0.9=79.65元。

从计算过程来看，3500元定期存款产生的利息为78.75元，被取出的500元被支取的部分，存了半年产生了0.9元的利息。假设同样的支取方式，杨雨馨没有采用存单四分法，那么，她总共获得的利息，仅为3500×0.36%+500×0.36%/2=12.6+0.9=13.5元，而四分法产生的利息79.65元是其5.9倍之多！

在这个案例中，非常值得我们注意的是，杨雨馨采用存单四分法储蓄，之所以利息能够高出一筹，主要是因为她有节制的消费，每个月支取的金额越少，四分法的优势就越明显。如果我们赚多少就花多少，那么，再好的存款方法，都无法实现储蓄理财的目的。

## 3.7 天通知存款，在定活之间玩转收益

为了购置新车，张云峰准备把一笔3个月到期的定期存款，以及手头2张银行卡里的活期存款集中起来，共计13万元，转到其中一张银行的卡

上，他心里想着一旦成交，随时就可以一次付清了。然而，让张云峰始料不及的是，销售员说他看中的那款车型目前全市缺货，需要提前预订，在交付了车价5%的保证金以后，还必须预留15～35天的时间，厂商才能真正的交货。

在这种情况之下，张云峰不想让自己十几万元的资金就这么躺在活期账户里睡大觉，因此，他想办一个月的定存，但又怕万一车子提前到货，从而丧失了定存的意义，储蓄经验丰富的他，自然而然地想到了7天通知存款。

张云峰在银行工作人员的推荐下，采用了一种新的7天通知存款：满5万元就自动设置为7天通知的存款。这种存款无需提前7天通知银行，银行的系统会自动记录余额，如果办理了“智能通知存款”，连续7天以上余额都超过了5万元（含5万元），还能全额按照7天通知存款的利率计息，若不足7天则按1天通知存款的利率计息，而最后一两天的“尾期”利息，比存活期更划算。

事后，张云峰为自己的这笔存款，计算了一下收益，他假设自己35天后取车付款，到时候，存活期的利息仅为130000×0.36%/365×35=44.9元，但是采用7天通知存款的话，至多可以经历5个“7天”，以复利计息的话，利息收入要超过33.66×5=168.3元，这样算来，这种存款的收益率是前者的4倍！

在这个案例中，张云峰对时机的把握非常值得我们学习，因为通知存款不同于其他储蓄产品，它对时间的要求非常高，如何充分利用有限的时间，往往需要投资者找到适合的时机，如案例中购买汽车留下的时间空挡，就是一种可以加以运用的时机，此外，还有假期的时间空挡、理财工具相互转换的时间空挡等，我们都可以将其充分利用，总之，只要有时间间隙，我们就可以考虑通知存款！

这种储蓄方式，既保证了用款时的需要，又可收获银行的利息，而且，此利息比活期高很多，如果用50万元购买7天期的通知存款，当我们持有3个月以后，假定以1.62%的利率计算，利息收益就为2025元，而活期存款利息按0.72%算只有900元，通知存款收益比活期存款高出1125元，在除去利息税后，通知存款的收益，则要比活期存款高出80%。

然而，需要注意的是，如果投资者存的是7天通知存款，却在向银行发出支取通知后，未满7天即前往支取，则支取金额的利息按照活期存款利率计算，支取金额不足或超过约定金额的部分，会按照活期存款利率计息；办理通知手续而不支取或在通知期限内取消通知的，通知期限内不计息。因此，存款的立取时间、方式和金额必须与事先的约定一致，这样才能保证预期利息不会受到损失！

## 4. 定活巧组合，实现利息收益最大化

朱大姐是一个单亲的老“病号”，家里的钱大部分都用在了看病上，随着医疗水平的提高，以及儿女们的悉心照料，她的犯病几率已经越来越小了。此时，她开始盘算着动一动存折上6万元的活期“闲”钱，但怎么动，却让她伤透了脑筋，儿女们的意思是3万元存6个月定期，另外的3万元还放在活期里，这样既有应急的资金，也能享受定期的利率。

朱大姐听罢，琢磨出了个“进化版”——将6万元分别存成活期、3个月和6个月定期，用“三分法”结合定活期优势。具体而言，就是将这6万元分成1万元活期、2万元3个月定期和3万元6个月定期组合配置，其中，1万元的活期可以随时取出，以备朱大姐随时上医院的费用，而将其余的5万元分3个月和6个月定存，一方面可以加速资金的流动性，另一方面则能尽最大限度享受利息收益。

当时，6个月定存的利率是1.98%，朱大姐很快计算出了自己的理财收益：10000×0.36%/2+20000×1.71%/12×3+（20000+20000×1.71%/12×3）×1.71%/12×3+30000×1.98%/2=486元！

对于投资者而言，精于计算是一种必备的基础，惟有精确地计算理财利润，我们才能够获得最大化的收益，从而实现财富增值的目标。我们在吸取别人的理财知识时，还应根据自己的实际需要加以改进，绝不能做盲目的“拿来主义”者，因为在投资理财的道路上，只有适合自己的，才是最好的！

## 5. 工薪族投资超短期储蓄，从缝隙中获利

这一天，杨步前在去银行领取工资时，理财顾问向他推荐了短期的银行理财产品，其期限是7天、21天、1个月，他通过详细的了解，得知超短期银行理财产品不仅运作周期短，有的甚至能够提供“T+0”的申购、赎回机制，在购买这类产品以后，可以在任何一个工作日内申购和赎回，而且能够即时就生效，资金实时到账，流动性几乎胜过了货币基金。

回到家中，杨步前立刻上网查询相关资料，他发现这类理财产品多数都挂钩货币和债券市场，票据收益还非常固定，便决定了购买，但在付诸行动之前，他进行了一系列相关的活动。

第一步，杨步前对各大银行的同类产品，进行了一次大规模的比较，从中选取一种收益率最高的产品；第二步，他查看了该产品的期限与资金到账时间，因为他需要支付每个月的房贷和保险金；第三步，他认真地阅读了该产品的使用说明，以避免不小心误入投资陷阱，从而给自己带来不必要的损失。

在做足了这些准备以后，杨步前选择了某银行于2009年5月份刚推出的非凡理财“财富新干线”第四期理财产品，该投资的期限是3个月，他将自己的15万元闲钱，都投进了这个理财的产品。3年以后，杨步前欣喜的发现，该理财产品的年化收益达到了2.1%，比一般货币基金的收益还要高不少。

此时，杨步前轻而易举地就收获了9450元的财富增值！

杨步前理财的成功，关键在于遵循了短期银行理财产品的“三看”原则：首先，不同银行同类型产品的年化收益率不同，因此，在选择前我们最好多比较，做到“货比三家”。其次，我们要看清楚购买产品的期限以及资金到账时间差，在留意了产品的申购、赎回费率以后，才能够做到有效提防相关费率侵蚀收益的现象，从而间接提升投资理财的收益率。最后，还应仔细查看产品说明，这可以明确投资的收益风险，要知道，通常运作周期短的产品，在一个运作周期结束后，银行会自动为客户投资到下一个周期，如果在运作期间央行突然宣布降息，产品收益也会跟着降息幅度调低，因此，我们需要经常关注银行公布的信息。

## 6. 阶梯储蓄法，加息预期下的最佳选择

刘大支家里有体弱多病的母亲和正在上中学的儿子，生活的压力让她开始关注起理财投资，通过对理财产品的多方面分析，她决定采用阶梯储蓄法来规划手中的8万元积蓄。于是，刘大支先将8万元中的2万元存为活期，以作为家庭生活的备用金，便于可以随时支取，然后，将另外6万元分别用2万元开设一个一年期的存单；用另外的2万元开设一个两年期的存单；用剩下的2万元开设一个三年期的存单。

不仅如此，刘大支还将这三张存单做了一些特殊的处理：一年后，她

将到期的2万元再存三年期，将两年的到期也转存为三年，这样一来，每年都会有一张存单可以到期，以预防老母亲的突然病危，这种储蓄方式既方便使用，又可以享受三年定期的高利息，只不过到期的年限不同，依次相差一年而已。

刘大支已经规划好了，若几年后儿子考上大学时，她便将三张存单的利息全都取出来交第一个学期的学费，接下来的学费，她可以在存单里依次减去1万元，再依次取消那些存单，有了这些存单做保障，她再也不用担心儿子的学费问题了。另一方面，这几年剩下来的钱，以及银行中储存的2万元活期，也足以应付年迈老母亲的医药费了。

开始理财之前的分析与研究十分重要，如果没有前期充分的准备工作，我们便会在理财这条道路上走弯路，甚至还会一不小心掉入陷阱。理财也绝不能盲目跟从，而应该“只选对的，不选贵的”，虽然目前理财的产品五花八门，但只有适合自己的才能达到增值的效果，反之，则会出现越理越穷的现象。

所谓阶梯储蓄法，就是将储蓄的资金先分成若干份，然后，再将其分别存在不同的账户或同一账户里，设定不同存期的储蓄方法，而且存款期限最好是逐年递增的。这种储蓄方式可以使年度储蓄到期额度保持等量平衡，既能应对储蓄利率的调整，又可获取定期存款的较高利息，是一种中长期储蓄的方式，尤其适合拥有年终奖金或其他单项大笔收入的家庭使用。

# 第二辑
# 安安心心当债主，债券市场没有杨白劳

国债投资是最常见的投资方式，比在银行投资收益更大一些。所以，在很多精明的理财人看来，把钱存在银行里，不如把钱借出去。

## 国债投资：既济国家又富自己

国债上可以接济国家，下可以富裕自己。国债就是“金边债券”，收益最稳定。因此，在许多投资者看来是比较稳妥的投资途径。

国家每次发行的债券，都能得到老百姓的极力追捧。具体来说，国债可分为以下几种形式。

### 1. 记账式国债

记账式国债又名无纸化国债，准确定义是由财政部通过无纸化方式发行的、以电脑记账方式记录债权，并可以上市交易的债券。

### 2. 凭证式国债

是一种国家储蓄债，可记名、挂失，以凭证式国债收款凭证记录债权，可提前兑付，不能上市流通，从购买之日起计息。而且凭证式国债还具有国家的信用担保。

### 3. 定向债券

专门针对社会养老保险基金及待业基金发行的国债，用以保障社会福利基金的保值增值，其利率是固定的，且永不上市流通。特种定向债券是面向社会养老保险基金和待业保险基金。购买特种定向债券，能够更好地加强社会养老保险基金和待业保险基金的管理，达到其保值增值的目的。

### 4. 无记名（实物）国债

无记名国债为实物国债，是一种票面上不记载债权人姓名或单位名称，以实物券面形式（券面上印有发行年度、券面金额等内容）记录债权而发行的国债，又称实物券。是我国发行历史最长的一种国债。其特点是：不记名、不挂失，可以上市流通。

凭证式国债和记账式国债是我国目前发行的主要债种，它们在发行方式、流通转让以及还本付息方面还是有许多差别的，所以在购买国债时，我们要根据自己的实际情况来选择不同种类的债券。

凭证式国债从购买之日起计息，可以记名，可以挂失，但不能流通。凭证式国债能够为购买者带来固定且稳定的收益，但是购买者需要弄清楚的是，凭证式国债想要提前支取的话，如果是在发行期内，它是不计息的，如果要在半年内支取，则按同期活期的利率计算利息，值得我们注意的是，国债提前支取还要收取本金千分之一的手续费，这样一来，投资者在发行期内提前支取时，不得不付这笔手续费，那这样的话就不如储蓄划算了。

所以，对于资金使用时间不确定的人来说，最好不要买凭证式国债，以免因提前支取而损失了钱财，但相对来说，凭证式国债的收益还是很稳定的。如果是在超过半年后提前支取，其利率就会高于储蓄存款提前支出的活期利率，同时没有利息所得税，到期利息也会多于同期储蓄所得的利息。所以，凭证式国债更适合长期不使用资金的工薪阶层和老年投资者。

记账式国债是财政部通过无纸化方式发行的，以电脑记账的方式记录债权并可以上市交易的一种国债。记账式国债可以自由买卖，其流通转让比凭证式国债更安全、更方便，同时更适合做 3 年以内的投资理财产品，而且收益与流动性都强于凭证式国债。

记账式国债的净值变化是有规律可循的，其净值变化的时间段主要集中在它发行期结束和开始上市交易的初期。在这个时段，投资者所购买的记账式国债将有较为明确的净值显示，可能会获得资本溢价收益，也可能会遭受资本的一定损失。如果投资者是在发行期购买记账式国债，就可以规避国债净值波动带来的一些风险。

记账式国债在上市交易一段时间后，其净值便会相对稳定在某个数值上。而随着其净值变化的稳定，投资国债持有期满的收益率也将会相对的稳定，但是这个收益率是由记账式国债的市场需求所决定的。对于那些打算持有到期记账式国债的投资者来说，只要避开国债净值多变的时段然后再进行投资购买，任何一个记账式国债获得的收益率都不会相差太大。

此外，个人不宜买短期的记账式国债。如果时间比较长，一旦市场有变化，记账式国债暴跌的风险就会非常的大。相对来说，由于年轻投资者对信息化及市场变动都会比较敏感，所以它更适合于年轻的投资者购买。

## 选择债券投资时机，提高你的收益率

债券一旦上市流通，其价格就要受多重因素的影响，反复波动。这对于投资者来说，就面临着投资时机的选择问题。机会选择得当，就能提高投资收益率；反之，投资效果就差一些。债券投资时机的选择原则有以下几种：

**1. 在投资群体集中到来之前投资**

在社会和经济活动中存在着一种从众行为，即某一个体的活动总是要趋同大多数人的行为，从而得到大多数的认可。这反映在投资活动中就是资金往往总是比较集中地进入债市或流入某一品种。而一旦确认大量的资金进入市场，债券的价格就已经抬高了。所以精明的投资者就要抢先一步，在投资群体集中到来之前投资。

**2. 追涨杀跌债券价格的运动都存在着惯性**

不论是涨或跌都将有一段持续时间，所以投资者可以顺势投资，即当整个债券市场行情即将启动时可买进债券，而当市场开始盘整将选择向下突破时，可卖出债券。追涨杀跌的关键是要能及早确认趋势，如果走势很明显已到回头边缘再作决策，就会适得其反。

**3. 在银行利率调高后或调低前投资债券作为标准的利息商品，其市场价格极易受银行利率的影响**

当银行利率上升时，大量资金就会纷纷流向储蓄存款，债券价格就会下降，反之亦然。因此投资者为了获得较高的投资效益就应该密切注意投资环境中货币政策的变化，努力分析和发现利率变动信号，争取在银行即将调低利率前及时购入或在银行利率调高一段时间后买入债券，这样就能够获得更大的收益。

**4. 在消费市场价格上涨后投资物价因素影响着债券价格**

当物价上涨时，人们发现货币购买力下降便会抛售债券，转而购买房地产、金银手饰等保值物品，从而引起债券价格的下跌。当物价上涨的趋势转缓后，债券价格的下跌也会停止。此时如果投资者能够有确切的信息或对市场前景有科学的预测，就可在人们纷纷折价抛售债券时投资购入，并耐心等待价格的回升，则投资收益将会是非常可观的。

**5. 在新券上市时投资债券市场与股票市场不一样**

债券市场的价格体系一般是较为稳定的，往往在某一债券新发行或上市后才出现一次波动，因为为了吸引投资者，新发行或新上市的债券的年收益率总比已上市的债券要略高一些，这样债券市场价格就要做一次调整。一般是新上市的债券价格逐渐上升，收益逐渐下降，而已上市的债券价格维持不动或下跌，收益率上升，债券市场价格达到新的平衡，而此时的市场价格比调整前的市场价格要高。因此，在债券新发行或新上市时购买，然后等待一段时期，在价格上升时再卖出，投资者将会有所收益。

## 选择债券要注意的关键词

投资者在看债券的分析文章，或者媒体提供的债券收益指标时，经常会发现几个专有名词：久期、到期收益率和收益率曲线。懂投资理财的人应该明白这些名词的含义，以及它们对投资者意味着什么。

1. **久期**

久期在数值上和债券的剩余期限近似，但又有别于债券的剩余期限。在债券投资里，久期被用来衡量债券或者债券组合的利率风险，它对投资者有效把握投资节奏有很大的帮助。

一般来说，久期和债券的到期收益率成反比，和债券的剩余年限及票面利率成正比。但对于一个普通的附息债券，如果债券的票面利率和其当前的收益率相当的话，该债券的久期就等于其剩余年限。还有一个特殊的情况是，当一个债券是贴现发行的无票面利率债券，那么该债券的剩余年限就是其久期。另外，债券的久期越大，利率的变化对该债券价格的影响也越大，因此风险也越大。在降息时，久期大的债券上升幅度较大；在升息时，久期大的债券下跌的幅度也较大。因此，投资者在预期未来升息时，可选择久期小的债券。

目前来看，在债券分析中久期已经超越了时间的概念，投资者更多地把它用来衡量债券价格变动对利率变化的敏感度，并且经过一定的修正，以使其能精确地量化利率变动给债券价格造成的影响。修正久期越大，债券价格对收益率的变动就越敏感，收益率上升所引起的债券价格下降幅度就越大，而收益率下降所引起的债券价格上升幅度也越大。可见，同等要素条件下，修正久期小的债券比修正久期大的债券抗利率上升风险能力强，但抗利率下降风险能力较弱。

2. **到期收益率**

国债价格虽然没有股票那样波动剧烈，但它品种多、期限利率各不相同，常常让投资者眼花缭乱、无从下手。其实，新手投资国债仅仅靠一个到期收益率即可作出基本的判断。到期收益率 = [ 固定利率 +（到期价 - 买进价）/ 持有时间 ] / 买进价。举例说明，某人以 98.7 元购买了固定利率为 4.71%，到期价为 100 元，到期日 2011 年 8 月 25 日的国债，持有时间为 2433 天，除以 360 天后折合为 6.75 年，那么到期收益率就是（4.71% + 0.19%）/98.7 = 4.96%。

一旦掌握了国债的收益率计算方法，就可以随时计算出不同国债的到期或持有期内收益率。准确计算你所关注国债的收益率，才能与当前的银行利率作比较，作出投资决策。

3. **收益率曲线**

债券收益率曲线反映的是某一时点上，不同期限债券的到期收益率水平。利用收益率曲线可以为投资者的债券投资带来很大帮助。

债券收益率曲线通常表现为四种情况：

（1）正向收益率曲线

它意味着在某一时点上，债券的投资期限越长，收益率越高，也就是说社会经济正处于增长期阶段（这是收益率曲线最为常见的形态）。

（2）反向收益率曲线

它表明在某一时点上，债券的投资期限越长，收益率越低，也就意味着社会经济进入衰退期。

（3）水平收益率曲线

它表明收益率的高低与投资期限的长短无关，也就意味着社会经济出现极不正常情况。

（4）波动收益率曲线

这表明债券收益率随投资期限不同，呈现出波浪变动，也就意味着社会经济未来有可能出现波动。

在一般情况下，债券收益率曲线通常是有一定角度的正向曲线，即长期利率的位置要高于短期利率。这是因为，由于期限短的债券流动性要好于期限长的债券，作为流动性较差的一种补偿，期限长的债券收益率也就要高于期限短的收益率。当然，当资金紧俏导致供需不平衡时，也可能出现短高长低的反向收益率曲线。

投资者可根据收益率曲线不同的预期变化趋势，采取相应的投资策略。如果预期收益率曲线基本维持不变，而且目前收益率曲线是向上倾斜的，则可以买入期限较长的债券；如果预期收益率曲线变陡，则可以买入短期债券，卖出长期债券；如果预期收益率曲线变得较为平坦时，则可以买入长期债券，卖出短期债券。如果预期正确，上述投资策略可以为投资者降低风险，提高收益。

## 不了解债券投资风险，忙来忙去一场空

债券的投资风险是指投资者在预定的投资期限内，其投入的本金遭受损失的可能性。对于债券来说，突出的风险有两类，其一是市场风险，它是指由于市场价格的变化造成的损失；其二是违约风险，它是指发债公司不能按时履行付息还本的义务。而市场风险又可细分为：

**1. 利率风险**

债券是典型的利息商品，投资者投资于债券主要是期望获得比市场利率更高的收益，而当银行利率发生变化时，债券的价格也就必然向其相反方向变化，从而可能造成价差损失。

市场利率上调造成的损失具有相对性，如果债券持有人坚持到期满才兑换债券，则它仍能获得预期的收益，其收益只不过和现行的市场收益水平有一定差距而已。影响银行利率的因素主要是中央银行的货币政策、国家的宏观经济调整及整个社会的平均投资收益水平。

2. 物价因素，一般也称为通货膨胀风险

当物价上涨时，货币的购买力就下降，从而引起债券投资收益的贬值。如我国某银行机构在1991年曾发行了期限为3年、年利率为10%的金融债券，由于1994年的通货膨胀率高达24%，该债券在到期兑换时的实际购买力和3年前相比就大打折扣。当然若购买的是保值债券，则就不受到物价因素的影响。

3. 公司的经营风险

在持券期内，若发债企业由于经营管理不善和债务状况等原因造成企业的声誉和资信程度下降也会影响二级市场债券的价格，从而给投资者造成损失。

4. 时间风险

债券期限的长短对风险是不起作用的，但由于期限较长，市场不可预测的时间就多，而愈临近兑换期，持券人心理感觉就越踏实。所以在市场上，对于利率水平相近的债券，期限长的其价格也就要低一些。

5. 流动风险

指投资者将债券变现的可能性。市场上的债券种类繁多，所以也就有冷热债券之分。对于一些热销债券，其成交量周转率都会很大。相反一些冷门债券，有可能很长时间都无人问津，根本无法成交，实际上是有行无市，流动性极差，变现能力较差。如果持券人非要变现，就只有大幅度折价，从而造成损失。

6. 违约风险

违约风险是指发债公司不能完全按期履行付息还本的义务，它与发债企业的经营状况和信誉有关。当企业经营亏损时，它便难以支付债券利息；而当偿债年份企业盈利不足或资金周转困难时，企业就难以按期还本。需要说明的是，企业违约与破产不同，发生违约时，债权人与债务人可以达成延期支付本息的协议，持券人的收益可以在未来协议期内获得。而企业破产时则要对发债公司进行清理，按照法律程序偿还持券人的债务，持券人将遭受部分甚至全部损失。

## 理财规划经典案例分析

### 1. 老人安度晚年，选“国债”有钱有闲

杨承七是一名退休人员，略有积蓄。2003年，当他看见别人在股市赚了不少钱，也跟着心痒痒的，并决定踏入股票市场。他认为，虽然投资股票的风险较大，但是收益却非常高，可以用有限的资金，去挣取最多的收益，为自己的晚年生活赢得保障，于是，他便将自己的一部分积蓄投入了股市。

在杨承七进入股市的同时，也考虑到了规避风险，于是，他又买了些记账式国债，并且，每每遇到银行发行国债的时候，他都会购买一些，渐渐地，他手中的国债竟然比股票还要多，但也正因如此，在2007年股市大跌之时，他才能获得20%的高收益，他投入的10万元资金，现在已经变成了12万元，更让他倍感欣喜的是，自己债券账户里的资金还在持续增长。

对此，杨承七得出了一个结论：“股市的高收益虽然让人心动，可其高风险却能在一夜之间颠覆人的财富，国债虽然增长得慢些，但却比较踏实，非常适合我这种退休的老人，选来选去，还是国债最好、省心！”从那以后，杨承七便专心投入到了国债市场。2011年，他已经从国债中获得了5万多的纯利润！

作为承受风险较弱的老年投资者，起伏不定的股票显然不适合他们，惟有收益稳健的国债或者有专家帮忙的基金，才是他们的明智之选，每一种理财工具都有固定的投资人群，若我们冒然闯入，只会血本无归！除此之外，财商也是理财成功的关键因素，对于任何一位投资者来说，理财知识的不断丰富，就是收益增长的一个重要保障。

## 2. 在一买一卖之间，从武两万到武百万

1988 年，辞职在家的武大定看中了债券这块市场，他一大早就在北京开市的第一个交易日，用手中的 2 万元购买了三年期的国债，当时的银行利率是 5.4%，三年期国债的年利率就超过了 15%，随着下午购买债券的人逐渐增加，该债券的价格迅速上涨，此时，武大定赶紧抛售。

仅仅半天的时间，在一买一卖之间，武大定就赚到了以前一年的工资——800 元，兴奋之余的他又开始突发奇想：如果 104 元的国债买回来，再以 112 元抛售，不就又可以赚上一笔了吗？当时，全国只有 8 个城市开放了国债交易，因为国债行情属于国家机密，只有当地的党报才能报道本地的行情。

为了打听其他城市的债券行情，武大定迅速前往上海图书馆，翻查全国各地的党报，最终查到了安徽合肥当日的国债开盘价为 94 元，而收盘价只有 98 元，而黑龙江的国债也只有 80 多元，于是，武大定日夜兼程地去了合肥和黑龙江，他以低价买入国债，然后再带回上海以高价卖给银行，从中赚取差价利润，他投入的 2 万元本钱，很快就变成了 2.2 万元。

尝到甜头后的武大定决定借钱，再加上自己的资金共 14 万现金，背着这些钱往返于各大城市之间，随着投入资金的增多，他每一次往返所收获的利润，也渐渐越来越多了，在这种蚂蚁搬家的投资方式之下，短短一

年的时间，武大定便率先成为第一批百万富翁！

武大定之所以能够获得成功，关键在于他捕捉到了债券市场的差价，这是投资债券的一个重要策略。因为在国债中，记账式国债跟凭证式国债不同，它略有价格上的波动，这就为投资者制造了一个获得利润的机遇，我们完全可以借此机会赚取其中的差价，虽然与股票比较起来，国债能够赚取的差价收益较小，但与此同时，它的风险同样也会小很多！

## 3. 利用债券组合，离婚女人靠自己活

离婚的范小雨得到了孩子的监护权，对于夫妻双方财产的分割，她获得了价值200万元的资产，其中包括他们在北京的一座小公寓（支付抵押贷款后价值100万元）、她喜爱的海滨小别墅（价值50万元）以及她的个人退休账户（价值50万元并全部投资于股票）。

尽管范小雨获得了超过一半的财产，但事实上，却并不像她想象的那么好，因为她没有考虑到房地产出售时所需缴纳的各项税款。离婚以后，她发现自己的财务状况发生了急剧变化，尽管她还过着体面的生活，但已经开始负债累累，并且，越来越难以维持离婚前的那种生活方式了。

单靠范小雨一个人的收入，已无法支付公寓与包括孩子私立学校费用在内的其他生活开支，非常担心自己财务状况的范小雨，第一时间想到了理财投资这条路，然而，面对现在的“烂摊子”，她不知该如何下手，无奈之下，只能寻求理财专家帮助，专家通过分析，给出了如下几条建议：

首先，在北京租一套毗邻铁路的公寓，并为孩子找一所较好的公立学校。

其次，将北京的小公寓与海滨别墅卖掉，利用税后所得的资金，构建由国债组成的债券阶梯。当债券组合积累到了 200 万元的规模时，如果税后收益率为 4%，那么，每年 200 万元的投资，将会产生 80000 元的免税收入，一旦范小雨每年可以获得 80000 元的收入，就可以考虑换一个压力较小但工资较低的工作，因为她从债券投资中得到的收入，已经足够弥补工资的不足。

最后，范小雨还必须将个人退休账户中的股票出售，用于购买短期的企业债券和长期债券以防止通货膨胀，从而提高自己退休账户的安全性，要知道，动荡不安的股票市场，并不适合她这种毫无风险承担的人。与此同时，她还要持有一定数量 6 ~ 9 年后到期的债券，以为孩子 18 岁以后的大学学费做准备。

5 年后，范小雨近 200 万的资产，就这样获得了 5% 的收益，即 10 万元整！

案例中范小雨债券组合的投资形式，非常值得我们借鉴，虽然债券相对于股票、房产、艺术品等投资风险较小，但它也有一些风险大、收益高的理财产品，不少投资者都冲着高收益而去，却忽视了风险的重要性，此时，不妨购买一些如国债等有保障的产品，来构建一个可以规避风险的债券组合，以增加我们投资的安全性！

## 4. 不关注市场，“金边债券”也泡汤

由于在股票市场受挫太多，王晓军将自己的资金主力投向了国债，他抱着“这不是人人口中的‘金边债券’吗？买它肯定赔不了！”的想法进入了市场，在这种心态下，他将以前投资股票的钱全都购买了国债。刚开始时，王晓军的国债是赚钱的，于是，他便悠闲的等待着收益。

只可惜，王晓军的运气不太好，在他购买国债没多久后，2010年，国家为了调控房地产行业的持续疯涨，毅然决定调高银行的存款利率，一年期的存款基准利率就调高了0.27个百分点。也许，这对于投资其他市场的人来说，根本就没有什么影响，然而，这对于像王晓军这些投资国债的人而言，却并不是一件好事，因为那“金边债券”的金边，就这样被削去了一圈！

王晓军在得知这个消息以后，发现自己投资国债的资金正在缩水，随着银行的频频调息，他国债账户里的资金也正在一点一点的减少，此时，他只能无可奈何地感叹道：“国家的政策谁也没办法，可是谁能想到这‘金边债券’，也会有如此风险呢？”

作为一名国债投资者，就有了解国债市场的必要，否则，我们的财富增值很可能会一直处于负值，因此，在进入债券市场之前，我们就必须做好相应的准备工作。对于投资者而言，在风险投资、寻求刺激的同时，还应当多注意一下影响市场的诸多因素，这是确保收益稳定的一项重要措施。

## 5. 投资债券，5年后成了老总

章得文是一家知名企业的中层管理，近期，他打算自己创业，为了储蓄创业资金，他踏上了理财之路。一个偶然的机遇，章得文发现了风险较低、收益较高的债券市场，在对财富迫切需求的情况下，他快速学习了债券的相关知识与技巧，并准备完全依靠债券来实施新的财务规划。

通过对债券市场的研究，章得文决定出售自己80多平方米的房产，在偿还抵押贷款并扣除税和其他成本之后，获得了近100万元的资金，然后，他用这些钱构建了一个由小风险国债组成的金字塔形债券组合，这些债券的最短期限为5年，并且还不可赎回；另一方面，在接下来的5年中，他降低当前的生活水平，用每年节省下来的5万元，继续投资于几乎没有风险的国债组合。

5年以后，章得文手中的国债组合，获得了4%的免税回报率，他前期投入的100万元，再加上5年来积累下来的25万元资金，一共是125万元的本金，获得了1250000×4%=50000元的纯利润，这相当于他每年都能收获1万元的收入。5年后，已经拥有130万元资金的章得文，成立了自己的新公司！

从章得文的案例中，我们不难看出投资界流行的一句话："投资有风险，入市须谨慎"，任何一项投资都是有风险的，对于投资者而言，当我们追逐高收益的同时，更应当学会规避风险。因此，在一切还没有盖棺定论之前，我们必须做好所有应对风险的准备，其中，保证自己源源不断的收入最为关键。

## 6. 公司老总巧用债券，事业理财两不误

高明镜成立属于自己的独立公司，在组建自己的新公司时，他的投资组合几乎全部都是股票，其中，大部分还是市场忽高忽低的高科技股，为了确保公司拥有充足的流动资金，他决定改变自己的投资计划，重新分配目前手中的资产结构，在全盘综合考虑之下，他认为投资债券市场较为有益，于是，他将股票套现后的全部资金，都投入到了国债和其他债券等现金等价工具上，因为这类投资没有市场风险或风险相对较小，并且，在需要时可以很方便变现。

事实证明，高明镜做出了一个明智的决策，因为在2005年接下来的数月中，股票市场的价值大幅度下降，而他也确实需要利用其投资来支持

业务的发展。随后，高明镜的公司开始盈利，尽管经济状况有所好转，但他的收入却仍然面临不确定性，因此，他还需要继续积累现金流，基于这一情况，他增加了投资组合中的国家债券，从而减少纳税并获得不错的现金收入。

与此同时，为了获得更高的收益，高明镜还投资了一些企业债券，这样的投资方式，可以增加投资组合的分散化程度，并且，他还决定持有部分3年期或者5年期的可转债券，其余的资金，则用于构建5年期的债券阶梯，以增加投资收益并保持足够的流动性。

在这样的债券组合之下，高明镜获得了年收益为4%的额外收入，即他投入的200万资金，在债券账户中每年都可以增加8万的资金，这笔钱不但可以保障公司业务的顺利进行，还可以作为投资资金继续获利！

从案例之中，我们不难看出高明镜对于投资的恒心。在现实生活中，不少投资者都是浅尝即止，殊不知，理财投资是一种需要持续进行的行为，否则，一旦我们从前景一片大好的市场中撤了出来，今后就会面临着逐渐脱离的危险，惟有将投资理财进行到底，才能真正实现自己的财富增值梦。

# 第三辑
# 和基金一起成长，让财富滚雪球式增长

基金和股票一样充满风险，但是，没有风险的投资就不是最好的投资，不能承担风险，就不能获得更大收益。一般人在选择基金时，在参考其基金以往业绩的同时，还应该根据自己的实际情况来选择最适合自己的基金。不仅要选“好”的，还要选“对”的，这才是真正的明智之举。

## 基金不仅要选“好”的，还要选“对”的

有些人在选择基金的时候，为了使自己的收益不受损失，完全拿出了在菜市场挑菜的架势，一天天地盯着各大评级机构的报告来比业绩的多少、比星级的高低、比基金经理的优良，最终还要将这些基金分成三六九等，到最后自己挑一只最上等的基金。

但是，很多人好像忘记了自己所处的位置，你是在投资，而不是在进行消费。在消费中，细心的挑选总能够让你买到称心如意的东西，因为你所买的东西，买了以后东西就不会变了；而投资却和消费不一样，你投资了，情况可能仍然会有变化，甚至还会是不小的变化。如果你通过考察某

基金过去一周、一个月甚至一年时间内的业绩，你认为它表现向来都是良好的，于是你今天终于购买了它，希望它能为自己赚大钱。但是很有可能明天这只基金就会因为某项新的政策的实施或者是投资失误等其他一些原因而一路跌到让你意想不到的地步。因此，投资者应该明确的是，对于投资产品来说，无论这只基金曾经的业绩报告是怎么样的辉煌都只能代表“曾经”的过去，也就是说，各种基金排名的作用都仅限于参考，它们通常仅仅只是能让你知道哪些基金有可能更可靠而已。

并且，每个人的财务情况是各有不同，像那些“榜上有名”的基金就未必就适合你。如果你执意只选“好”的而确不选“对”的，那么往往会给自己带来更大的金钱损失。

因此，投资者在选择基金时，应当注意以下几个方面：

1. 弄清该基金的品种

最简单的方法是看投资标准，也就是说该基金是投资股票（股票型基金）、投资债券（债券型基金），还是投资股票与债券（平衡型基金），又或者是货币基金，以上叙述的几个类型的基金预期的报酬与风险从高到低依次排序为平衡型、债券型、货币型基金。

2. 谁是基金经理人

基金经理人的操盘的资历、选股哲学、稳定性都会影响基金的绩效。建议先到各个基金公司网站上去查询该基金经理人的资历与基本数据，要详细地了解基金经理人的操盘风格和过往业绩。

3. 看懂风险系数

风险系数是评估基金风险的指标，通常是以“标准差”、“贝塔系数”与“夏普指数”三项来评估的。新手只要大约掌握以下原则就行了：“标准差”越小，波动风险就小；“贝塔系数”小于1风险就小；“夏普指数”越高越好，该指数越高，表示基金在考虑风险因素后的回报情况就越高，对投资人就越有利。

### 4. 弄清基金表现走势赢过大盘的意义

通过比较基金与大盘的走势趋向，可以让投资人检视该基金的长期绩效是否可以打败大盘。另外，你还可以通过比较该基金走势的波动幅度来看基金的长期绩效。如果该基金的高低点都比大盘的波动来得剧烈，则表示该基金的波动比大盘大，风险也就相对较大；如果该基金的高低点比大盘来的小，那就表示该基金的风险相对较小。另一方面，其实还有些基金并不适合与大盘作比较，这里面有一个选择合适的比较业绩基准的问题。比如说，有很多基金都会投资一部分债券。这样的话，在选择业绩基准时，完全用大盘指数就不合适了，如果用大盘比较出来的话就会有一定的误导。

那么，要怎样才能选择出适合自己的好基金呢？

首先，投资者要清楚地了解自己的资产状况，明确自己对基金的安全性、流动性、收益性等的要求，然后了解各种不同基金的相关情况，最后再选择出与自己的要求最匹配的基金。

当然，当投资者列出选择基金对象时，可能会有好几页纸那么多，因为很多基金公司都会推出风格以及特征非常接近的基金产品。这时就需要投资者用自己的慧眼去进行进一步的筛选，选出最适合自己的基金。

第一步，考察基金的历史业绩。在这里投资者需要考察的不仅仅是其在牛市时候的业绩表现，还应该重点考察其在熊市时的表现。一般来说，如果一只基金在经历过一轮牛市和熊市之后，业绩仍然能够比较稳定地增长的话，那么它的基金经理人的投资操盘能力应该是非常强的，而且具有一定的可信赖度。

第二步，选出其公司具有优势的基金。投资者可以从基金公司里找曾经做过基金类型、基金规模及这些公司投资团队的情况，同时也可以对基金经理的投资经验等方面进行比较、筛选。

第三步，参考评级机构公布的基金星级的排名。这里需要投资者注意两个问题：一是基金的稳定比名次重要，一只基金能够长久表现优良绝对比一时的名次靠前更能证明它的实力，名次一时的靠前很可能是偶然的因素，但是长久屹立不倒则肯定是具有实力，只有稳定的基金才能经得起经济风暴，才能带给基金持有人长期稳定的回报；二是选择市场适应性比看星级重要，国际上最大、最具权威性的基金评级公司美国晨星公司的副总裁就曾说过，他在选择基金时，有时会选择三星级基金而非五星级基金，因为有时候三星级基金的风格更加适合未来的市场。的确，即便是五星级基金也只代表它曾经适应市场、表现优良，而选择未来对市场的适应性强的基金才是最重要的。

总之，选基金跟一般人买菜大不一样，投资者选基金是为了在未来有个好的收益，因此在充分了解它的背景之后，更重要的是要考察它的实力以及对未来市场的盈利能力。

## 掌握基金投资方法，做合格的投资人

股市的上扬，带动了人们的心情，也点燃了人们购买基金的热情，基金投资逐渐为广大个人投资者所接受。业内人士建议，投资者应更好地把握好基金投资的方法。

### 1. 区别对待股票投资和基金投资

投资者通常把偏股型基金当作股票来投资，就如有炒基金这一说法。虽然偏股型基金投资的范围也是在股票市场，但是两者的投资还是有本质区别的。股票投资的周期通常比较短一点，当一个价值型低估的股票上涨至合理价位或者溢价之后便会出现滞涨和下调，而有较长投资周期的成长型股票价格一般是由这个上市公司的经营情况来决定。基金投资是一个经过设计的股票组合，这样的投资组合能够很好地抵御市场的风险，通过投资有价值低估的股票或者具有成长型的股票来获取利润。基金的专家团队也会在股市变化的行情中，为投资者进行合理的调仓，对股票组合进行改变。可以说投资基金的收益更为长久更为稳定，所以投资偏股型基金应该尽量减少操作，通过长期慢慢积累的收益达到一个好的回报。股票投资的周期有长有短，但是基金投资的周期主要是以长期为主的。

2. 挑选老基金和新基金

投资者在挑选老基金和新基金时常会左右为难。认购新基金感觉建仓期太长，但是净值低手续费便宜；而申购老基金却觉得净值太高手续费也贵。其实是因为大家都没有正确地认识基金净值的含义，所谓基金的净值是由基金的净资产和基金总份额的比值，就是指根据每个交易日证券市场收盘价所计算出该基金的总市值，除以基金当日的总份额，得出的便是每单位基金净值。所以老基金不存在净值高了就缺乏上涨动力了，相反基金如果选股不佳的话，净值再低的基金仍能继续下跌。绝对不是净值低的就比较容易涨，净值高的就很难上涨。而作为老基金和新基金的选择更主要着重于对短期行情的判断，因为老基金的股票组合已经建仓完毕，而新基金还需要重新建仓。如果近期的行情为上涨的话，选择老基金更好，但近期的行情为震荡和下调的话选择新基金能以更低的价格建仓。

3. 正确认识基金分红

基金分红是基金公司对长期投资者在不赎回基金的前提下即能获得现金回报的一种方式，所有的基金分红都会在净值上除权，也就是在原先的净值上减去红利的部分。一只基金的价值不会因为分红而提高，相反频繁的分红或者大比例的分红都会影响基金的股票仓位，这样的分红方式会破坏基金的投资组合，会减缓基金增长的速度。适度的在行情放缓的情况下进行分红才是好基金公司的分红方式。而投资者也不要盲目的选择将要分红的基金进行申购，因为分红是无法实现套利的。

## 注意基金投资风险，保持理性才不会白忙

基金的高收益给投资者带来丰厚的回报，在基金巨大赚钱效应的吸引下，越来越多的新投资者开户加盟，许多老股民也纷纷转变成基民，基金投资者队伍迅速壮大，基金数量和规模也出现爆炸式增长。

然而，在看到基金的赚钱效应之后，部分投资者将基金当作无风险的收益方式，通过抵押汽车、房产、借钱、贷款等方式将资金投在基金上。这种过度投机带来的风险是非常巨大的，作为专业投资机构和提供理财服务的基金公司，无论是从投资角度还是从理财角度，我们都不得不提醒大家：理性是投资的基石，基金投资不能忘记风险。

任何投资都有风险，基金投资也不例外。投资是不断控制和抵抗风险的过程，投资者在投资基金的过程中，通常会面临以下几种风险：

1. 市场的下跌和过热

市场下跌无疑会带来风险，而市场过热往往预示着风险的来临。例如，美国股市在1998年经历了科技股泡沫，投资人对网络科技股的追捧使得纳斯达克指数创下5048.62点的纪录，但泡沫崩破后纳指缩水76%，而道琼斯指数相对2000年时的巅峰也跌去了30%，标普500则从它的最

高峰下滑了43%。中国A股在2001年由于市场热炒上涨到2245点，市场的平均市盈率一度达到60倍以上，之后便一路下滑至998点，下跌幅度达到55.55%，许多基金在这期间出现亏损。

### 2. 基金公司操作失误的风险

20世纪90年代中期，美国华尔街出现了一个由两位诺贝尔经济学奖得主、前美联储副主席与华尔街最成功的套利交易者共同组建的长期资本基金，在短短4年中，其获得了285%的离奇收益率，缔造了华尔街神话。然而，在其出色交易员的过度操纵之下，长期资本基金在两个月之内又输掉了45亿美元，走向了万劫不复之地。在中国，也常有基金经理变更而导致业绩下滑的现象，还有些基金公司因为对未来经济形势和市场热点的把握失误导致业绩低下。

### 3. 来自于投资人自身的风险

风险除了来自市场和基金公司之外，更多的风险实际是来自于购买基金的人自身。追逐业绩是普通投资者最乐意为之的投资方式，很多的投资者四处寻找业绩最好的资产种类或基金。但是由于没有一项投资的业绩是保持不变的，往往投资者会在调整发生之前进行购买。随后，这些业绩追逐者在失望中出售其投资，但却通常恰恰发生在业绩就要开始反弹之前。业绩追逐者希望通过对回报的密切关注为自己带来最佳的投资，但实际上，他们的盲目追逐导致了他们高价买进，低价抛出——正好与其想要的结果相左。

### 4. 投机心态是最大的风险

一些投资者不顾自身的风险承受能力，不仅将自己的房产抵押，甚至不惜借利息很高的资金进行基金投资，这是一种非常危险的投机行为。这种投机的风险是非常巨大的，一旦市场下跌，这部分投资者会因为放大了资金杠杆而遭受大额亏损。因此，投资基金，尤其是股票型基金要做好长期投资的准备，千万不要抱着赌博的心态进行投机。

# 理财规划经典案例分析

## 1. 一个理财新手，两年赚回一辆豪车

刘军是一位典型的车迷，很早就想拥有一辆属于自己的汽车，这对于月收入只有3000元的刘军来说，简直就是一个遥远的梦想。2006年，当朋友都靠基金赚足了第一桶金时，一直都很想买车的他，也动起了投资基金的脑筋。作为一名基金新手，他只能首先询问颇有经验的基金经理，基金经理通过分析，向他推荐了有潜力的南方高增股票型基金。

刘军并没有立刻购买这只股票基金，而是开始关注同类股票基金的走势，通过多方的研究与比较，他发现南方高增的行情的确非常看好，于是，他将手里的15万元现金全部投了进去。果然，一段时间之后，南方高增就涨了，到了2006年年底，其溢价幅度已经达到了顶峰，此时，他赶紧赎回基金，竟然连本带利净赚了近20万元。

在基金市场收获颇丰的刘军，又购买了一只比较好的基金。2007年3月份，他申购了广发优选基金，当时，该基金的净值为1.6792元；到了9月中旬时，该基金的净值就达到2.7295元，净值增长了1元多；10月上旬，该基金净值已经增长到了3.2521，基金收益将近达到了1倍。此时，刘军投入的4万元基金，瞬间变成了40万元。

2008年，刘军用自己的积蓄轻松地购买了一辆奥迪轿车！

在这个案例中，值得我们注意的跟收益息息相关的基金经理，对于投

资者而言，他们就像一个照亮前路的灯塔，在他们的指引之下，我们才能更清楚自己前方的道路，从而将理财这条路走好、走顺。当然，对于基金经理的话也不能盲目相信，还是应当通过自己的考察去证实，谨慎才是投资的重要原则。

## 2. 职场新人，循循渐进忙出万贯家财

2003 年，刚参加工作的张汉文认识了基金，并开始琢磨起了基金投资。

张汉文觉得，第一次购买基金不宜风险太大，还是找一些可以保本的基金，小试牛刀比较保险，于是，他用借来的 5 万元资金，分别购买了国债基金与货币基金，由于没有足够的理财经验，所以，他一有时间就学习基金方面的知识，以提高自己的投资收益。通过学习以后，他发现自己比较适合股票型基金。

虽然，股票型基金具有一定的风险，但其收益却非常高，这对于收入较高的张汉文而言，完全有能力抵御股票基金的风险。于是，他又将目光转向了股票基金，首先，他开始分析股票基金的市场，查看哪些股票基金的收益不错，然后，又对比每只股票基金公司的优劣，最后，他才选定了银华增长、广发稳健等几只股票基金。2004 年，他将积攒的 5 万元储蓄全部投了进去。

2006 年，由于股票的一路标红，让张汉文在基金市场上实现了财富增值，他前期投资的国债基金与货币基金，经过 3 年的涨跌，终于收获了丰厚的利润，即 2 万元的纯利润。而他投资的股票基金，在经过 2004 年的低谷后，也迎来了 2006 年的高潮，其收益率亦非常可观，这为他增加了 4.25 万元的收入。

已经有了丰富基金投资经验的张汉文，经过一番比较之后，又用自己

的全部资金16.25万购买了几只基金，并且，他还采取了分批投入，分批赎回的方法，一心一意做起了基金投资。2007年，市场形势一片大好，到了年底，张汉文将所有的基金赎回，并获得了即连本带利22.75万元！

循循渐进是投资的一个重要技巧，无论是一个理财新人，还是一名理财达人，在进入一个新的投资领域时，一定要遵循由易到难的原则，在自己还不熟悉的情况之下，决不能盲目地一掷千金，而应该先找个风险较低的产品尝试一下，待自己弄清了这一领域的基本特性后，再大胆地放手一搏，这样才能有效提升我们财富增值的几率。

## 3. 施行基金定投，小夫妻圆了财富梦

在北京工作的吴正法和妻子收入都不菲，他每月工资、奖金全加起来有近6000元，妻子每个月的收入也有4000元，夫妻俩的支出除了1000元房租，就是日常的一些开销，根本用不了多少钱。面对每月近万元的资金，他们萌发了投资理财的想法，通过分析和研究，他们决定专注于基金投资。

2006年8月，吴正法用每月定投2000元的方式，买下了一只基金，并开始了自己的理财实践。从2007年开始，吴正法的月薪已经涨到了1.4万元，妻子的工资也达到6000元，小两口不仅年薪翻了一番，还拥有了人生的第一个10万元，由于北京的房价也在疯涨，小夫妻依然住在出租房里，因他们的开支不多，现在每月能拿出5000元来投资基金。

2007年的市场形势很好，吴正法夫妇的基金本金增至15万元，回报开始翻番，共计30多万，而且，他们采取的都是红利再投资，从不赎回，到2007年底，他们的总资产就达到50多万了，其中20多万元是债券和货币基金。

2008年金融危机爆发，吴正法的投资出现严重缩水，50多万元基金，除了20多万元债券和货币基金外，其余30多万元股票基金全部大幅缩水，最多时账面亏损近10万。当时，人们都迫不及待地抛出自己手中的股票和基金，就算“割肉”也在所不惜，但吴正法不为所动，仍然坚持每月拿出5000元投资基金。

2008年底，随着股市的冷清，房价也开始下跌。吴正法夫妇开始计划用手中的资金来购房，他们一直关注着房地产市场的变化，利用业余时间坚持不懈地看房，在房价下跌到一定程度、涨跌的弹性都很小时，他们终于以按揭的方式，买下了一套价格135万的二手房，每月还贷4000元。2009年下半年，房价突然开始飞涨，很快他们的房子就涨到了200多万。

2009年，吴正法夫妇终于告别了中关村的“蜗居”，住进了宽敞明亮的大房子，这时，他们手中的基金也开始大幅增值，小两口的存款额达到50多万元。

投资理财，讲究的是坚持、理智、果断。首先，投资者必须抛弃一夜暴富的想法，而应当学会持之以恒，积沙成塔才能创造出财富奇迹；其次，盲目跟随大流买入或卖出是不明智的行为，每个人的投资目的都不一样，投资者应当遵从自己的实际情况来行动；最后，投资机遇从不等人，当投资者发现机遇时，就应当果断的出击，否则，便只能在错过机遇后悔恨不已。

## 4、合理规划基金，让人三年买房又娶妻

跟女友相恋多年的王茂法，打算三年后买房结婚，然而，手上只有1万元资金的他，三年后根本就付不起首付，于是，他决定理财投资，并将

目光锁定在了收益相对稳定的基金上。由于第一次进入基金市场，王茂法显得格外小心，他为自己的基金投资，做出了一个为期三年的规划，然后一步一步接近目标。

第一年的年初：手中只有1万元资金的王茂法，购买了收益颇高的股票型基金，在一年内的跌荡起伏之后，这只基金的收益率，终于停在了10%的位置上，全年收益为1000元；另一方面，他将自己的工资与其他收入，逐月全部买入了货币基金，该基金的年收益只有1%，该项年收入为500元。一整年下来，工资加投资收益共有61500元，王茂法这一年的纯盈利为500+1000=1500元。

第二年的年初：手中已经有61500元资金的王茂法，按照自己的规划，继续购买了股票型基金，由于积累了第一年选基金的经验，这一年的股票基金年收益率为20%，全年收益达到了12300元；另一方面，他也继续逐月买入货币基金，但收益已经涨到了5%，5万元的工资增加了2500元收入。这一年，王茂法手中的资金已经增长到了2500+12300=14800元。

第三年的年初：王茂法手中的资金为61500+14800+50000=126300元，由于考虑到即将要买房了，出于稳健考虑的他选了购买配置型基金，即用8万元购买了股票基金，用剩下的46300元购买了债权基金，年末股票基金的年收益率还是20%，而债券基金的年收益为5%，全年收益约为80000×20%+46300×5%=18315元；另一方面，王茂法仍旧买入货币基金，其收益依然是2500元。

这一年的总收益为18315+2500=20815元。

三年下来，王茂法手中的资金连本带利为126300+20815+50000=197115元，于是，他用其中的15万元，贷款买下了一个两居的新房，又花了3万元对新房进行了装修，并用剩下的钱与工资积蓄举办了一场浪漫婚礼！

从王茂法的案例中，我们不难看出合理规划的重要性。对于投资者而言，只想着笼统的理财是没有意义的，要想获得理财增值的效果，就必须根据实际情况规划出合理的投资方案，一个完整的规划，通常包括了理财目的、可行性以及产品的选择等，但需要注意的是，我们还必须坚持不懈地去实施这一方案。

## 5. 巧配基金组合，高收益让你忙有所值

廖承香是一家私企的中层管理人员，月收入在5000～10000元左右，她的丈夫是一位IT精英，月收入在5000～8000元左右。在职场上拼搏几年下来，家里已经有活期存款10万元、半年定期存款5万元、一年期存款10万元，还有2万元的基金，随着生活水平的不断提升，巨大的开支使得他们几乎无法再产生积蓄。最近，她有了生儿育女的打算，孩子的出世势必会增加开支，为了增加收入迎接孩子的到来，她开始重新规划家里的资金。

由于廖承香一直都走稳健、保守的投资路线，即使要重新组合家庭投资，动作也不敢太大，她决定来一个可以分散风险的基金组合。首先，廖承香将10万元的活期存款用来进行债券基金投资，再将定期一年的10万元资金取出，用其中的7万元投入到股票基金市场，用剩下的3万元申购货币基金，原有的2万元基金则不动，让它继续保持增值，余下的5万元半年期存款则以备不时之需。

此外，廖承香还从自己每一个月的工资里，挤出1000元进行基金定投。

2005年下半年，随着股市的一片大好，基金市场也呈现出了“花儿朵朵”的繁华景象，这种状态一直持续到2006年，廖承香的组合基金，也在这片红的色海洋中获得了不错的复合收益率，主要是股票基金获利丰厚。2006年9月，当股票收益率达到顶峰时，廖承香选择了赎回正在

疯长的股票基金，并拿着连本带利挣回的28万元，重新调整自己的基金组合。

这一次，廖承香开始减少股票基金的申购，因为通过她的定期观察发现，凡事都会物极会必反，股市不会永远都这样一路飘红，于是，她只在股票基金上投入了3万元，而将债券基金与货币基金都提升到了10万元。此外，廖承香还将1000元的基金定投，变成了5000元的基金定投，并且，原有的2万元基金，也在收益为5万时赎回了。

2007年10月，股票开始大幅度下跌，廖承香的股票基金缩水到了50%，她庆幸自己当机立断的调整了基金组合，否则，为期两年的基金投资，不但无法增值，还很有可能会蚀本。此时，廖承香第二次投入的23万元，已经变成了近30万元，再加上赎回原有基金的3万元纯利，以及增加投入后的基金定投收益，这一年的时间里，她获得了近12万元的纯利润！

虽然投资的理念是必须保本，但盲目求保本的做法，势必会让投资者一无所获。因此，找到风险与收益之间的平衡点至关重要，我们不妨根据自身的特点，将风险偏好、风险承受力、期望收益率等因素结合起来，设计了一套适合自己的基金组合，但需要注意的是，这种基金组合不是固定的，而应当随着市场的动向做出适当调整，以获取利益的最大化。

## 6. 选适合自己的基金，金融危机也赚钱

2008年，随着金融危机的到来，人们都削尖了脑袋想获得财富增值，吴晓宗也随之踏入了投资理财的行列，当时，他对基金还不太了解，只觉得是一种潮流所趋，不妨也尝试一下，于是，他用1万元购买了一只债券基金，谁知，在年底收到账单时，账面居然有了8%的收益，这使得他马

上就来了热情！从此以后，吴晓宗便正式开始了自己的养“基”之路。

接下来，吴晓宗随大流购买了一只新基金，原本以为这有多人购买，收益应该会不错，但现实却恰恰相反，这只新基金刚发行没多长时间，就以最快的速度跌破了面值，而且，还在继续一路下跌，这让他顿时慌了神，不知道该如何是好。他明白，投资本身就是一种风险游戏，亏了钱也怨不得别人。无奈之下，他只能“割肉”出局。但从那以后，他对自己的投资渐渐谨慎了起来。

2009年，吴晓宗又投资过几只其他品种的基金，可依然还是亏的比挣的多，经历了多次教训之后，他终于弄懂了自己失败的原因，那就是没有在投资之前选到适合自己的投资目标。清楚了这一点后，他开始分析什么样的基金比较适合自己，股票型基金的风险太高，而货币型基金与债券型基金收益又稍慢，最后，他觉得偏股型基金不错，比较适合自己的投资目标。

于是，他将闲钱中的一半10万元，申购几只偏股型基金，但为了保险起见，他用另一半资金，分别购买了货币基金与债权基金。2010年年底，当吴晓宗收到账单时，笑得都合不拢嘴，因为他终于实现了财富增值，他手中的偏股基金收益率高达19.91%，而6万元的债券基金，也有14.26%的收益，4万元的货币基金，也获得了收益率2.36%的增值，这些利润加起来有3.7万元左右，这对于金融风暴下的理财投资，已经算得上是非常高的收益了！

案例中吴晓宗误信“表面”信息的失败，投资者们要引以为戒。当投资者在没有调查研究之前，最好先不要轻举妄动、直接入市投资，而应该在投资之前，先让自己多了解这个“新伙伴”，熟悉一下它的“脾气秉性”，然后，再根据自己的需要，选择适合自己投资期限、投资收益目标和年龄特点的基金品种。

# 第四辑 股市充满巨大风险，也决定你的贫穷和富裕

股票，它可以让你的财富在短时间内涨好几倍、几十倍，让你快速奔向小康社会；股票，也可以让你的财富缩水、再缩水，让你一夜之间回到“解放前”。所以，投资股票，一定要知道买什么和怎么卖，理智投资才能让你不白忙。

## 炒股没有好心态，你会越炒越贫穷

在股市中有这样一句口头禅：“炒股就是炒心态”。这句话从侧面反映了心态在炒股中的重要性，也说明了心态的好坏将直接影响股市的成败。也就是说，有些人整天为了炒股忙来忙去，不赚钱不说，还赔进去不少，结果是越炒越贫穷。

这些人为什么越炒越贫穷呢？因为这些人的心态不好。手头的股票涨了，就不抛了，涨了还想涨；等大盘一儿下子全部掉下来了，只有割肉抛出去，生怕股票继续往下跌。其实有这种心理是非常不理智的，同时也是不可取的。炒股，虽然跟风炒作有时候可能会获得一点蝇头小利，但长此以往，是必输无疑的。所以，保持良好的心态，对股票的涨跌不急不躁，

是在股海中做到“不输”的一个诀窍。

炒股时心态好，可以使人客观地分析、判断，把自己的技术水平正常地发挥出来。心态不好，就很容易作出错误的决定。买入冲动、卖出轻率，明明前一天做好了决定，看到曲线的变化就改变主意了。这时，由失败带来的挫折、悲观、失望等情绪也会油然而生，甚至从此一蹶不振，这也是常有的事情。

在股市摸爬滚打快3年的章迎春因股票大跌，从10楼跳下落在水泥地上当场身亡。她的股票账户在她死后，还留下大约20000多元的余额，而她当初入市时的本金不过才3万元。9000元的折损夺走了一条活生生的生命，同时也让一个幸福的三口之家顿时崩溃。

根据了解，章迎春以前曾开过一间冷饮店，也在大型的超市干过一段时间。后来，由于怀孕生子，便再也没有做过什么像样的工作。也正是因为她们的房子还在还贷之中，家庭经济并不是那么富裕。在2008年中期，刚红火起来的股市一下子跌了很多，“抄底”大军随后纷纷杀入股市。在一个朋友的劝说下，章迎春也将家里为数不多的3万元积蓄投进了股市。大概经过半年多时间，章迎春仅有的3万元炒成了五六万元。这让她尝到了一丝的甜头，于是就一门心思想着在股市里发大财。

天不遂人愿，股市逐渐低迷起来。这让每天都期望自己持有的股票早点解套的章迎春没有了照顾孩子和老公的心思，而且脾气也变得越来越暴躁。动不动就会打孩子，没说上两句就与老公吵起来。最后眼睁睁地看着股票从五六万元一直跌下来，章迎春心理上承受不了这么大的打击就跳楼自杀了。

章迎春不仅是越忙越穷，更是把命都忙进去了。所以说，在股市里心态不好，不仅仅是赔钱的问题。

股民在熊市的时候就会经常悲观失态，一悲观失态就不知道自己还有美好的未来，于是消极和绝望就会趁虚而入。同时，在亏损巨大的日子里，人就容易消沉，更容易自暴自弃，结果就等不到股市的美好春天。

其实，对于所有股民来说，获利不忘形，必须时刻牢记股票风险。亏损不失态，坚持就是胜利。身处牛市必须格外地谨慎小心，否则就容易乐极生悲。股民在获利的时候就容易得意忘形，结果亏损和失败就会随之而来。

是的，在牛市的人们对于股票特别的喜欢，特别的崇拜，而在熊市的人们对股票却特别的厌烦，同时也特别害怕。于是就有好多人困惑地问："还要不要投资股票？"投资大师彼得·林奇早就坚定地说："要，当然要。"他认为："如果你希望在明天会有更多的钱，你就必须把一部分钱投资到股票中。也许我们会在今后的二、三年甚至是五年中遭遇熊市。虽然整个20世纪都充满了熊市，那就更不用提大萧条了，然而，有一点是无可争议的，那就是投资于股票或者投资股票基金，最终的回报都会远远高于债券、存单或其他有价证券。"许多华尔街的投资家以及其他的证券专家都赞成这个观点。譬如美国著名财经专栏作者、个人理财专家玛丽·罗兰认为："要把大部分钱投资于股票市场。随着时间的推移，股票会提供最好的业绩回报。那么，为什么每个人都没有把所有的钱都全部投入到股市呢？这是因为市场短期的波动性缘故。"

当然，在开始投资股票行动之前，最好先要努力学习股票知识和熟练掌握技术分析，并且要充分考虑自己的财务状况、年龄阶段以及个人的风险承受能力等多种因素，特别是心态要良好。"轻装上阵"、"有耐心有耐力"，一时获利不骄不躁，短暂被套时心不要慌。否则，财没理好，人也搭了进去，实在是得不偿失。

## 不判断股市行情，你就会白忙一阵子

很多炒股者为了保证自己的投资没有大的偏差，会想问更多的人，因为你肯定想尽善尽美，不让自己的投资出现问题，结果问的人越多自己就会越诧异，也不知道自己该怎么办了。对于股票来说，询问 100 个人就会有 100 个不同的观点和答案，所以你问得多了，最后反而把自己给搞糊涂了。

一位成功的交易人一定要有自己的主见，不能人云亦云，要按自己的方式交易去进行投资，只交易自己深入调查研究过的股票交易。就算别人推荐的股票再好也要自己拿定主意，要想成功就要先下工夫，而且还要比别人下的工夫更深。别人给你推荐的好股票不能保证 100%成功，因此会造成这样的现象，自己怀疑的股票天天上涨，可是就是没有买入，而自己相信的股票就是不涨或者上涨速度让人难以启齿。

炒股第一难是我们不能保证绝对能成功，只能保证我们尽量把损失减小到最低，不能保证一定会赢，我们不能操纵股价，但是我们可以回避亏损。能不能赚钱要看我们的对手能否给我们赚钱的机会。

炒股第二难是自己相信的股票要买入，最不幸的就是买入股票以后几乎不怎么上涨。看着别人的股票天天大涨，是犹豫着换股还是继续耐心地等待？如果换股时肯定不会再买没有上涨的股票，一定要追涨已经开始上涨的股票，可是经常在换股以后新买入的股票不但不再继续上涨了，反而还容易大幅度回调下跌。另外，换股时也会有另一种心理现象，担心原来持有的股票开始起动并且能成为一匹大黑马。这也是炒股中的悲喜剧之一。不换股时股票不上涨，换股以后担心它天天上涨，持股和追涨都是两难。

炒股第三难是不小心或者运气不好被套住了，怎么办？是平仓还是继续持有，不能完全确定。如果你去问任何人，他们都无法百分之一百地肯定回答你。不平仓的股票就天天下跌，闷得慌；平仓了的股票又天天上涨，亏得慌。

炒股的第四难是随大流，媒体和家里人都那么想，自己成了异类，压力大，阻力强，是抗争还是顺从？结果经常不顺大流时就错了，跟随大流时也错了，怎么都是不对。

但，炒股是自己的事，只有自己有个理性的判断，你才能够从股市赚得财富。

## 把握买入时机，你才会买到未来

股市是一个高风险高收益的投资场所，可以说股市中的风险无处不在，无时不有，而且也没有任何方法可以完全规避这种风险。当然，作为投资者，买股票主要是买未来，希望买到的股票未来会涨。炒股时有几个重要的因素如量、价、时，时即为介入的时间，这是最为重要的。时间选得好，就算股票选得差一些，也会有钱赚，相反介入的时机不好，即便你选对了股也不会涨，而且还会被紧紧地套牢。所谓好的开始即成功了一半，选择“买卖”的这个点非常的重要，在好的买进点介入，不仅不会套牢，而且可坐享被抬轿之乐。而如果在错误的时机买入股票，一定会惨遭损失。那么，投资者该如何把握股票的买入点呢？具体来说，可以根据以下几个方面来确定股票的最佳买入点。

1. 根据基本面判断买入时机

股市是国民经济的“晴雨表”。在国民经济持续增长的大好环境下，股市长期向好，大盘有决定性的反转行情，坚决择股介入。

如果长期投资一只个股，那么要看它的基本面情况，根据基本面，业绩属于持续稳定增长的态势，那完全可以大胆地介入；如果这只个股有突发实质性的重大利好，也可选择时机介入，等待别人来抬轿。

2. 根据行业政策判断买入时机

根据国家对某行业的政策，以及这个行业特点、行业公司等情况，买入看好的上市公司，比如国家重点扶持的农业领域，在国家政策的影响下，农业类的具有代表性的上市公司就是买入的群体。

3. 根据趋势线判断短线买入时机

中期上升趋势中，股价回调不破上升趋势线又止跌回升日时是买入时机；股价向上突破下降趋势线后回调至该趋势线上是买入时机；股价向上突破上升通道的上轨线是买入时机；股价向上突破水平趋势线时是买入时机。

4. 根据消息面判断短线买入时机

当大市处于上升趋势初期出现利好消息，应及早介入；当大市处于上升趋势中期出现利好消息，应逢低买入；当大市处于上升趋势末期出现利好消息，就逢高出货；当大市处于跌势中期出现利好消息，短线可少量介入抢反弹。

5. 根据K线形态确定买入时机

（1）底部明显突破时为买入时机。比如，W底、头肩底等。在股价突破颈线点时为买点；在相对高位的时候，无论什么形态，也要小心为妙；

另外，当确定为弧形底，形成10%的突破时，为大胆买入的时机。

（2）低价区小十字星连续出现时。底部连续出现小十字星，表示股价已经止跌企稳，有主力介入痕迹，若有较长的下影线更好，说明多头位居有利地位，是买入的较好时机。重要的是：价格波动要趋于收敛，形态必面临向上突破。

6. 根据成交量判断短线买入时机

（1）股价上升且成交量稳步放大时。底部量增，价格稳步盘升，主力吸足筹码后，配合大势稍加拉抬，投资者即会加入追涨行列，放量突破后即是一段飘涨期，所以宜大胆买进，可有收获。

（2）缩量整理时。久跌后价稳量缩。在空头市场，媒体上都非常看坏后市，但是一旦价格企稳，量也缩小时，可以买入。

7. 根据移动平均线判断买入时机

（1）上升趋势中股价同档不破10日均线是短线买入的时机。上升趋势中，股价回档至10日均线附近时成交量应明显萎缩，而再度上涨时成交量应放大，这样后市上涨的空间才会更大。

（2）股价有效突破60日平均线时是中线买入时机。当股价突破60日均线前，该股下跌的幅度越大、时间越长就越好，一旦突破之后其反转的可能性也将越大。

当股价突破60日均线后，需要满足其均线拐头上行的条件才可买入。若该股突破均线后其日均线未能拐头上行，而是继续走下行趋势时，则表明此次突破只是反弹的行情，投资者可以买入。

如果换手率高，30日均线就是股价中期强弱的分界线。

8. 根据周线与日线的共振等几个现象寻找买点

周线与日线共振。周线反映的是股价的中期趋势，而日线反映的是股价的日常波动，若周线指标与日线指标同时发出买入信号，信号的可靠性便会大增。如周线KDJ与日线KDJ共振，常是一个最佳的买入点。日线

KDJ 是一个敏感的指标，变化快，随机性强，经常发生虚假的买、卖信号，使投资者无所适从。

有些人在股市上呆了很多年，股票也选对了，可是就是不赚钱。其中造成“白忙”最大的原因就是买入时机不对。所以，当别人说某只股票不错时，并不代表你可以买入，否则，你白费的不仅仅是金钱，还有大量的时间和精力。

## 规避股市操作误区，你就能少点投资风险

人们在同一个股市上买卖股票，可以看作理智的双方在交易。但股票涨跌的因素有很多，简单来看，主要是根据对上市公司的预期来判断的。在股市上进行交易的是人，买的人希望买到的股票价格越低越好，而卖的人当然希望股票卖掉的价格越高越好，这样就形成了一种博弈。所以说如果一个公司的收益是比较平稳的，而它的价格同时也反映了它的价值，所以说股票的内部因素是它的基本价值，而外部因素才是股票脱离它基本价值的最主要因素，才是你收获超额利润的源泉。了解了这个规律，我们才能避免陷入一些不必要的误区。

第一个误区，自以为很了解企业。通常你了解的企业，别人也都了解，如果你炒股不愿冒险的话，就很难获取更多的收益。如果这个企业是一个人人都看好的企业，那么这个企业它的股价里应该包涵了它的预期价值，可能已经被高估了。而一些不被看好的企业机会就可能更大一些，一旦这些企业有了转机的机会，那么这些不被看好的企业，它上涨的股价会

出乎你的意料。

第二个误区，急功近利。有些人急于赚钱，看大盘只看分时图，只看重几分、几角的这些芝麻大点的小差价，不看大盘，不分析股价的整体走势，井底之蛙看不见天，这些人常犯这种捡到芝麻丢掉西瓜的低级错误。

第三个误区，赌徒心理，就是一下子把钱全都投进去。这种人有可能第一次成功了，但有具有赌徒心理的人是绝对不会收手的，这样一来他们注定是失败的。炒股的真理永远是少数人赚多数人的钱，因为他们能看到宏观和微观，他们相信股市永远不会处于上涨的趋势，所以他们就会适当地退，他们也相信股市不会永远的处于下跌状态，所以他们会进。所以说想炒股，钱和智慧都是不可缺少的。

第四个误区，习惯跟着大多数人走。也就是很多人说的跟风。很多人看到大家都买股票时，也去抢着买，看到大家都卖股票时也急跟着杀跌。实际上，股市里只能使少数人发财，赔钱的总是大多数人，跟着大多数人走总是会倒霉的，不是被套，就是踏空。炒股是靠知识和智慧取胜的，如果你想胜出股市的话，那么秘诀是学习、学习、再学习。有些投资者不重视学习，买股票时靠消息，分析行情时靠专家，没有一点自己的主见，不学会自己走路，迟早都会被股市这个大的漩涡所吞没。

第五个误区，把近期要用的钱拿去炒股，或借钱来炒股。既然是投机炒股，那么你就要好好地研究一番。股票是用钱赚来的，我们在股市上的博弈还可以看成是持有钱还是持有股票的两种选择。钱是我们在这个社会上生存的根本，有了钱首先可以解决我们最基本的温饱问题，其次，也可以提高我们的生活质量。而股票对于普通人来说，只有把股票换成钱才可以去消费，而我们炒股的目的也是为了得到更多的钱。股票的流动性是很强的，但正因为这样的性质，股票有时候也很调皮。当大家都不缺钱的时候股票就会使劲地上涨，而大家都缺钱的时候股票就会使劲地下跌。所以，当股票下跌的时候，往往利息也会跟着下跌，而利息上涨的时候股票也会跟着上涨。

第六个误区，死抱住股票不卖。这种做法的结果就是短线变长线，长线变贡献。小亏不吃，最后吃个大亏。炒股被套牢后，要坚决、及时止损卖出。

第七个误区，异想天开，只想赚不想赔。股市中的风险远远大于赢利的机会，有些人进入股市，首先想得最多的是怎样赚钱和发财，很少去想如果赔了钱怎么办，压根没有做赔钱的思想准备。于是遇到股票下跌，心理的落差就会很大，就会恐慌杀跌，股价都跌到底板上也卖。

第八个误区，频繁的操作。有些刚刚入市的新股民认为炒股就是不停地买卖股票，频繁操作的结果就是赔多赚少。炒股不像到商店买东西，什么时候买都行。然而股价的上涨是有条件的，多头市场还未形成，股价就不会上涨，也就是无钱可赚。

第九个误区，只认准一只股票。股票被热炒过后，就无投资价值。有些人，在某只股票上赚了钱，就认为它是一只好股票。卖出后，再买回来，这容易落入长期被套的境地。

## 理财规划经典案例分析

### 1. 股市新手为何赔？巧选股票才是投资王道

2007 年，在如火如荼的股市吸引下，李坦雅也忍不住开设了股票账户，从未涉足过投资市场的她，不知道到底该选哪只股票，无奈之下，她只能向一位在金融行业工作的好姐妹求援，这位好姐妹是她的老同学，平日里交往密切，于是，立刻向她推荐了一只股票，据说有内幕消息会大涨。

由于是第一次买股票，李坦雅的胆子很小，只买进了 1000 股，然而，让原本只想小试身手的她，出乎意料的是，这只股票在下午收盘前便猛然发力，一路狂涨，次日，这只股票直接以涨停开盘，这让她异常欣喜，连忙抛出了这只股票，就这两个交易日，1 万元不到的投资额，就让她赚到了 1800 多元。

第一次买股票就尝到了甜头的李坦雅，决定要在股市里大展身手，自那以后，她的好姐妹又向自己推荐了几只股票，每次都是保赚不亏，最后，她甚至将家里所有的存款，都转到了股票的账户上，但让她没有想到的是，好姐妹推荐的一只 ST 股，却让她意外的在“阴沟里翻了船”。

当时，李坦雅几乎将自己所有的资金，都投入到了这只 ST 股里，并满心希望的想让它给自己带来一个满堂红，孰料，就在买进 ST 股的第二天，这只股票便停牌了，在经历了 1 个多月的漫长等待以后，这只 ST 股的复牌，非但没给她带来期盼的“满堂红”，反而还连日持续猛跌。

见此情景，李坦雅连忙打电话给自己的好姐妹，电话那头的好姐妹也叫苦不迭，并劝她赶紧退出来，可是眼睁睁地看到自己的资金，已经缩水了 20%，从没有经历过股市风雨的她，怎么都舍不得就此罢手，思来想去之下，她还是决定留着这只股票，但让她意想不到的是，股价却从此一蹶不振，她被越套越深，最后，不仅前期的赢利悉数耗尽，她当初的本金也亏损了近 40%！

在投资股市的过程中，选股是投资者赚钱的关键之一，但凡有所收获的投资者，都会在选股上下足工夫，因此，在进入股市之前，一定要先做好充分的准备工作，并且，选股时决不能依靠小道消息，更不能毫无主见地道听途说，而应当在实践中积累专业知识，以及总结自己每一次的经验教训。

## 2. 股市达人适时卖出，成功和巨利握手

在证券公司上班的范小静于2003年进入股市，熟悉股市的她自信满满，刚开始，她只是尝试着买了几只股票，借着当时牛市的东风，她手中的股票也是水涨船高，股票涨停有时甚至变成了可预期的事情。2007年5月，她在朋友的大力推荐下，以19元的价格买入了“大唐发电”，自从购买这只股票开始，“大唐发电”就一路走高，2007年6月还达到了最高点的45.24元。

在这期间，朋友多次对范小静说该获利出局了，可她认为基于良好的分红预期，“大唐发电”还将会继续往上涨，她要等到最高点再卖出股票，然而，她的预想落空了，之后“大唐发电”一路走低，虽然后来在分红之前又一次达到39元的高点，但她还梦想着它能涨到40多元，便没有趁着这次反弹卖出，结果到了9月份，实在受不了不断阴跌的她，于20元清了仓。

这一次的炒股经历，让范小静感觉自己好像坐了一趟过山车，从哪来出发又回到了原点，在这次博弈中，她抓住了飙升的大黑马，可是她并没有获得相应的回报，其失败的原因，就在于没有把握住卖出股票的时机，从那以后，她不再武断的妄下结论，学会了适时放手及时获利。

2007年年底，范小静又购买了一只股票，她在20.35元的时候买入，短短半个月之间，这只股票就涨到了35.56元，她以自己的专业知识判断一定还会继续上涨，但经过上一次的教训以后，她没有一意孤行，而是询

问自己的朋友们应怎样处理，朋友都说可以再看一看，她便开始静观其变，直到2008年10月25日，朋友们都让她赶紧清仓，她才立刻卖掉了这只股票。

此时，这只股票涨到了38.65元，范小静也因此获得了丰厚的收益！

在投资股市的过程中，专业散户的标准有很多：会看、会瞄、会跟、会思、会选、会逃、会分析、会判断……总而言之，就是要会正确地买进与卖出，一定要学会见好就收。假如我们真的不懂得其中的玄机，不妨学习范小静那样，适时地向自己周围的朋友们询问。当然，这一前提是建立在他们懂得股市行情的基础之上！

### 3. 没有风险意识，输得一塌糊涂

2006年8月，廖美玲工作之余迷上了股票，恰好赶上当时股市的行情不错，她每个月5000元的投资，都以至少20%的速度递增，这让初入股市的她很有成就感，于是，她渐渐完全忽视了投资的风险，将自己所有的积蓄都投入到了股市中，从那以后，她每天的主要工作便是盯盘。

这种日子持续了一年多，直到2007年10月，大盘指数开始不断跌落，廖美玲的股票账户也在逐渐缩水。倘若觉得赚得差不多就落袋为安还好，可克服不了"贪婪"的她，就是不相信股市能一直跌下去，坚持不实施控制风险的措施，结果被深度套牢了。直到2008年的7月份，她股票账户里曾经的100万元，已经只剩下十几万元了！

"股市有风险，入市须谨慎"，这是每一个初入股市的投资者，在进入股市之前都必须要了解的，廖美玲便是在没有充分认识到股市风险的情况下，就贸贸然地进入了股市，这一点注定了她只能以失败而告终。因此，

还没有充分认识风险、没有学会控制风险、规避风险、化解风险的投资者，一定要记住谨慎炒股，否则，只会输得一塌糊涂！

## 4. 集中投资，投资收益能够加倍

2007 年，牛气冲天的股市，让宁小文揣着辛苦积攒的 5 万元钱进入了股市，3 个月以后，他的股票户头已经有了 15 万元，欣喜不已的他认为，自己找对了财富增值的门道，然而，随着金融危机的突然到来，15 万元迅速“缩水”，当资金只剩下 7 万多时，他忍痛“割肉”，走出了股市。

眼看着股市走低震荡，宁小文却认为，这是入市挣钱的大好时机，于是，2008 年年底，他干脆将一套买了不到 3 年的房子卖掉，用卖房的钱和平时积攒的工资收入共 68 万元，再一次投入了股市。家里人都觉得他太冒险，但他却说，股指越低机会就越大，到时赚了钱，就可以买更好、更大的房子了。

接下来，宁小文在股市中选择了自己比较熟悉的五只股票，他觉得自己的时间和精力有限，如果选择太多的股票，虽然风险看起会小一点，但是股票多了，就不能面面俱到了，这只会让自己将时间和精力，都浪费在一些没有发展前景的股票之上。如此一来，其实也并没有达到降低风险的效果，反而还为自己增加了些风险，这对收益也会有直接的影响。

于是，宁小文坚持自己的理财方式，将所有的资金和精力都集中在这五只股上。宁小文的付出总算没有白费，这五只股票也非常争气，2010 年年初，他的证券户头资金，已经由 68 万元变成了 112.57 万元！

尽管分散投资可以规避风险，但也有一个不可忽视的大前提，那就是投资者必须投入自己大量的时间与精力。而每个人的精力都是有限的，一旦手中的股票多了，可能就没有时间对他们一一分析，或者很难做到对这些股票了如指掌，甚至连股票的名称都很难记牢，这不但无法达到降低风险的效果，反而还为自己的投资增加了难度，因此，不妨精心挑选几只股进行集中投资。

## 5. 预设止损点，投资不会一亏再亏

2004年，王自大见朋友在股市里赚了不少，也决定拿出10万元钱跟朋友一起炒股，由于朋友已经是一位炒股高手了，因此，他沾着朋友的光，一路走来收益还不错。到了2005年，股市开始出现复苏的迹象，王自大也已经跟着朋友炒股快一年了，在这一年中，他从朋友身上学会了不少炒股技巧，其中有一条他觉得至关重要，那便是为股票设置一个有效的止损点。

2005年，已经满师的王自大，开始了自己的独立股票投资。

经过2004年的行情大跌之后，不少投资者都持观望的态度，不敢轻易地再次进军股市，但自信满满的王自大，坚持继续走自己的炒股之路，他先后以30万元购买了几只熟悉的股票，并分别为它们设置了一个止损点，在走过了2006年的股市回升后，到了2007年中旬，股市开始走下坡，当他手中的几只股票，达到了止损点的位置时，他果断地清仓卖出。

果然，在2007年年底的时候，股市一路震荡下行，很多投资者都被牢牢的套住了，但王自大因及时清仓而逃过了一劫。不仅如此，在卖出自己手中的几只股票时，他还获得了30%的收益，即30万元的投资金变成了39万元！

在现实生活中，不少投资者并不是没有设置止损点，而是设置了却没有及时执行，尽管他们也知道行情趋势上已经破位，但在“患失”心态的影响下，总想再看一看市场情况，从而导致错过了止损的大好时机，因此，无论执行止损有多么的不甘心，投资者都必须在必要的时刻坚决执行。

# 第五辑
# 买保险箱不如买保险，财富既有增值又有保障

很多人辛辛苦苦攒了点儿钱，可是只要遭遇一次天灾人祸，就会花个精光，从中产阶级变成穷光蛋。所以，要想自己的财富不像这样付之东流，我们一定要学会让财富保值又有保障。保险能让我们一举两得，既可以弥补因意外带来的损失，又可以让你的财富增值，保你富裕一辈子。

## 保险不仅是风险保障，也是理财方式

有这样一个关于保险的小故事：一个失事海船的船长是如何说服几位不同国籍的乘客抱着救生圈跳入海中。这位船长对英国人说这是一项体育运动，对法国人说这是一件很浪漫的事，对德国人说这是命令，而对美国人则会保证你已经被保险了。

正如故事中所讲的，保险在美国，不管是国家元首，还是明星大腕，或者是平民百姓，都是其生活中不可缺少的一部分，就像饮食、居住一样，是生存中必要的一部分。

从经济的角度来看，保险是分摊意外事故损失的一种财务安排，通过保险被保险人的损失由所有被保险人分摊；从社会的角度来看，保险是社会经济保障制度的重要组成部分，是社会生产和社会生活“精巧的稳定器”；从风险管理角度来看，保险是风险管理的一种方法，起到分散风险、消化损失的作用。

一位著名学者谈及保险时曾经这样说过：“保险的意义，只是今日做明日的准备，生时做死时的准备，父母做儿女的准备，儿女幼小时做儿女长大时的准备，如此而已。今天预备明天，这是真稳健；生时预备死时，这是真豁达；父母预备儿女，这是真慈爱。能做到这三步的人，才能算做是现代人。”

保险是理财，不是投资。我们经常看到人们在计算现在买的保险分红是多少、将来可以赚多少钱。其实保障是有成本的，拿钱来买保险比把钱放到任何投资渠道的回报来得都要低得多。如果你想要投资赚钱就不要买保险，买保险赚钱的可能性只有一个，就是在交费过程中会发生风险。换句话说，保险是不可以计算的，能算得出来的都不叫保险。

保险是理财，不是储蓄。许多人买保险，都在和银行的储蓄作比较。你把钱放到保险公司和存到银行所起作用是不一样的，存在银行你拿到的是利息，而保险公司给你的是你应有的保障。储蓄是存几万块钱得到几百元的利息，而买保险是存几百元的钱却能得到几万元的保障。那么，如果我们把储蓄得到的几百元的利息拿出来再投资到保险上，那我们的资金岂不是保值、增值了几十倍。

保险永远没有最好的，只有适合自己的。所以选择保险时要遵循以下几个原则：

**1. 量力而行：购买保险的投入资金必须与家庭的经济状况相适应**

要根据家庭现在的收入水平，预估未来的收入能力，并计算收支的结余。这样，才能确保您的保险不会出现无力支付而遭受损失的现象，也不会出现保险投资比率不足的情况。

**2. 按需选择：根据家庭所面临的风险种类选择相适应的险种**

现在针对家庭与个人的商业险种非常的多，并不是每一个险种都适合你。例如，家庭中男主人是主要的收入者，且从事危险程度较高的工作，则这个家庭的首要买的保险可能就是关于男主人的生命和身体相关的保险。

**3. 优先有序：重视高额损失，自留低额损失**

确定保险需求的首要考虑是风险损害的程度，其次是发生频率。损害大、频率高的损害优先考虑保险。对一些较小的损失，在家庭承受范围之内的，一般不用投保。实际上保险一般都有一个免赔额，如果低于免赔额的损失保险公司是不会赔偿的，所以，我们在投保时需放弃低于免赔额的保险。

**4. 合理组合：把保险项目进行合理组合，并注意利用附加险**

许多保险除了主险外，其他的都带了各种的附加险。当你购买了主险后，如果有需要的话，可顺便买其附加险。这样的好处就是：其一，避免重复购买多项的保险；其二，附加险的保费相对于单独保险的保费一般较低，同时也可以给自己节省保费。所以综合考虑各保险项目的合理组合，既可以得到全面保障，又可以有效利用资金，一举多得。

## 了解常见保险种类，买适合自己的

“天有不测风云，人有旦夕祸福”，在每个人的一生中都要面对生老病死的威胁，如果你能够在事前做好保险规划，就可以避免突发事件给个人或者家庭带来财务的危机。所以，在买保险前，一定先全面地了解保险的种类。

### 1. 人寿保险

人寿保险是人身保险的主要类别，是一般家庭都重点考虑的险种。投保人寿保险，即可获得对未知风险的保障，使投保人在碰到意想不到的伤害时，本人或家庭可以得到经济上的补偿，从而可以确保家庭经济的稳定。

人寿保险除名目众多，目前市场上主要有普通人寿保险和特种人寿保险。普通人寿保险包括死亡保险、生存保险、两全保险和年金保险；特种人寿保险主要有简易人寿保险和团体人寿保险。

### 2. 意外伤害保险

意外伤害是指遭受外来的、突发的、非本意的、非疾病的使身体受到伤害的客观事件。意外伤害保险是指在保险期内一旦遇到意外而死亡、永久性伤残、支出医疗费用或暂时丧失劳动能力所获得的保障。

意外伤害保险最好和人寿保险搭配一起投保。保费低廉的意外伤害保险只是针对短期性质的安全风险提供了保障，在过期没出事时保险自然失效。在经济条件许可下最好把意外险附加在一个适当的人寿险里面。我们每一个人都要有一个完整的保险计划，除了保障生命安全外，还能兼顾疾病、年金、养老、医疗等各种的问题，使自己和家庭有一个全面而长久的保障。

### 3. 医疗保险

医疗保险即医疗费用保险，主要包含门诊费用、药费、住院费用、护理费用、医院杂费、手术费用以及各种检查费用等。而保险公司所提供给我们的医疗保险的常见品种有普通医疗保险、住院保险、手术保险，特种疾病保险、住院津贴保险和综合医疗保险。

### 4. 家庭财产保险

家庭财产保险是承保因自然灾害和意外事故引起的对家庭或个人所

有财产的损害。主包括普通家庭财产保险（如家电、家具等）、房屋保险（包括房屋本身及内部附属设备，如暖气、供电设备等）以及机动车辆保险（指汽车、电瓶车、摩托车、各种专用机械车、特种车辆等）。

**5. 社会养老保险**

我国养老保险体系分为3个层次。

（1）基本养老保险：是按照国家统一政策规定强制实施的为保障广大离退休人员基本生活需要的一种养老保险制度。

（2）企业年金：即企业补充养老保险，是企业根据自身的经济实力，在国家规定的实施政策和事实条件下为本企业职工建立的一种辅助性养老保险，由国家宏观指导，企业内部决策执行。

（3）保险公司的个人养老保险：是由职工个人自愿参加、自愿选择经办机构的补充保险形式。

**6. 旅游保险**

休假去旅游是放松心情的好办法，为了不影响这难得的好心情，最好是购买一份旅游保险。若遇上盗窃或意外发生的话，需在事发当地取得有关证明才能回来申请赔款。

## 按照年龄的不同，安排合适的保险

保险是每个人的人生中不可或缺的“防火墙”，而它的构建，对于不同人生阶段的人来说，也是不一样的。每个买了保险或者即将买保险的人都应该知道：随着年龄的增长，家庭的发展，自己拥有的保险品种、保险金额也要随之变动。

1. 小青年：意外险为主，养老险为辅

人在20岁至30岁之间，初涉职场，大多数为单身贵族，年轻、活泼健康，但还是要为自己未雨绸缪。这个阶段的人应该优先选择消费性质的保障型险种，如重大疾病、意外伤害等险种。另外，如果在资金允许的情况下，也可以考虑未来的养老问题，提早准备日后一定会有意想不到的收获。

总体来说，这个年龄段的人收入较少且不稳定，抵抗外来风险的能力较强，但也很容易遭受到意外伤害的侵扰。因此在这个阶段，比较标准的保险配置是：意外险为主，养老险为辅。

2. 育龄期：生育险和人寿险并重

女人在进入30岁以后，工作和收入都基本上都是比较稳定的，都已经建立了属子自己的温馨小家庭，女人在进入了生育期时，有的已经当上了妈妈，有的正准备当妈妈。对这个年龄段的女人来说，为了生一个聪明健康的宝宝，应该投保生育险或母婴险。

这个阶段的女人，家庭和工作上虽然是比较稳定的，但她们的压力也都比较大，所以一定要购买人寿保险。投保寿险的时候，要注意填上身故受益人，不要不填或只写上“法定”两个字，以免将来引起遗产纠纷。夫妻同时投保的话，要写明夫妻双方互为受益人。老公是被保险人，则受益人是太太；太太是被保险人，则受益人是先生。这就叫作夫妻互保。如果有孩子的话，可以把孩子的名字一起填上，如果当时还没有孩子，可以等到直到出生后再把孩子的名字加进来。

3. 人到中年：注重重大病险和养老险

进入40岁以后的人，在这一阶段周期病都开始相继发作，在这一阶段提高重大疾病险的保额就显得尤为关键。在身体危险信号产生时，可以获得保险公司的相关赔偿，避免对家庭的财务状况造成一定的影响。

由于这个年龄段的人大都达到了事业的巅峰期，无论收入还是储蓄都较为丰厚，所以，应该将之前欠下的养老保险都补全，再购买一些具有分红性质的险种，如投资连接险等，以作为后备使用。

**4. 老年：保险相当于储蓄**

进入50岁以后，无论你是男人还是女人，都不怎么讨保险公司的喜欢了。虽然老年人是最需要受保险保障的群体，但是由于身体情况的差异不同，使得很多保险公司都对老年险种都是避而不谈的，因此在这一阶段能够购买的险种也是少得可怜。当然，保险公司不会明着说不接受你的投保，但它们会大幅提高你的保险费率，让你自己知难而退。

这个年龄段的人不太容易投保消费类或保障类的险种，不过，可以尝试着购买分红性质的保险，这基本上跟储蓄差不多。因此，50岁以后的人转向储蓄型的保障方式比较切实可行。

**5. 耄耋之年：还本型终身保险**

当你行将就木的时候，还买不买保险，保险公司会不会接受你的投保？在通常情况下，答案都是否定的。但有一种情况是例外的，那就是，如果你有一笔丰厚的财产需要传给你的子女，那么你可以投保还本型终身寿险，这时，保险公司就不会拒绝你的投保。对于你和保险公司来说，都不会有什么大的损失：你还可以合法地把财产转移给自己的子女，而且还不用交遗产税，保险公司则会因此获得一大笔短期流动资金。这种财产转移方式在国外被许多人采用，国内由于暂时还没有开征遗产税，所以还不怎么受关注。但提前预知大家一下也没什么坏处的，这样能让想买保险的人们又多了一些了解。

# 根除错误观念，走出保险理财误区

随着经济的快速发展和保险业的逐步完善，保险与人们的生活是越来越密切，人们提高了对保险的认识，从而也将保险作为一种理财方式和经济保障，但是这其中也存在一些错误的观念。

### 1. 年轻时不用买保险

有些人没有太强的风险意识，认为保险是要到年纪大一些才需要考虑的。实际上在保险费上，越年轻买保险缴费就越低，而且可以尽早得到保障，如果你还是单身的话，购买保险也是对父母负责任的一种体现。对于没有储蓄观念的年轻人而言，买保险实际上还有另一项作用，那就是“强制储蓄”，买保险还可以帮助你养成良好的消费习惯。

### 2. 买保险可以“发横财”

保险理财绝对不是“发横财”。通过保险进行理财，是指通过购买保险对资金进行合理的安排和规划，防范和避免因疾病或灾难而带来的财务方面的困难，同时也可以使资产获得理想的保值和增值。

一般来说，保险产品的主要功能就是保障，而一些投资类保险所特有的投资或分红则只是其附带功能，而投资是风险和收益并存的。一些购买了投资联结、分红保险等投资类保险的保户发现，收益与预期相差太远，这固然与一些保险业务员只强调投资收益前景的误导有很大关系，但是一些人购买保险只图赚钱的不成熟的投保心态也是其中的一个重要原因。

### 3. 分红保险可以保证年年分红

分红产品不一定会有红利分配，特别是不能保证年年都能分红。分红产品的红利来源于保险公司经营分红产品的可分配盈余，包括利差、死差、费差等。其中，保险公司的投资收益率是决定分红率的重要因素，就一般而言，投资收益率越高，年度分红率也就会越高。但是，投资收益率并非决定年度分红率的惟一因素，年度分红率的高低，还要受到费用实际支出情况、死亡实际发生情况等一些因素的影响。保险公司的每年红利分配是要根据业务的实际经营状况来确定的，同时也必须符合各项监管法规的要求，并且经过会计师事务所的审计。

保户每年可以通过分红业绩报告、电话服务中心及特别通知等方式获知年度分红率，但按照规定，保险公司不得通过公共媒体公布或宣传分红保险的经营成果或者分红水平。

### 4. 单位买的保险足够了

目前，有很多单位都为个人购买了保险，其中社会保险就属于强制保险，其中包括养老、失业、疾病、生育、工伤。但这些保险所提供的只是维持我们最基本生活水平的保障，而不能满足家庭风险的管理规划和有较高质量的退休生活。有些单位也会购买一些团体医疗或养老保险，由于规模效益保费比个人购买的要低一些，但如果你离开单位则不能再获得保障，而且也不是所有单位提供了这些商业保险。因此建议个人还是应该拥有自己的持续、完善的保险保障。

### 5. 买保险要先给孩子买

重孩子轻大人是很多家庭在买保险时容易犯的一个错误观念。孩子固然是重要的，但是保险理财风险的规避，在大人发生意外时，对家庭造成的财务损失和影响要远远高于孩子。因此，正确的保险理财原则应该是首先为大人购买寿险、意外险等保障功能强的产品，然后再为孩子按照需要买一些健康、教育类的保险产品。在资金投入上，应该是给大人、特别是给家庭经济支柱的人投入得越多就越好。

**6. 重复投保，相当于双保险**

寿险中的住院医疗，车险中车损险，家庭财产险等，都属于多买不多赔的险种。而保险公司规定的损失也是按实际情况确定赔偿金额的，如类似医疗费用保险等产品都是采用保险补偿原则的，需要有报销凭证。所以购买太多种类的保险，不仅无法提供全面的保障，而且还浪费保费。

按照保障的具体内容，医疗保险可以分为两种，一种是医疗费用型保险，一种是医疗津贴型保险。所谓费用型保险是根据客户实际发生的医疗费用支出按保单约定的保险金额给付保险金。目的是补偿客户的医疗费，理赔时需要客户出具门诊或住院发票，理赔范围与“社保”基本一致；而津贴型保险，是保险公司按照合同规定的补贴标准，向被保险人按次、按日或按项目支付保险金的医疗保险。理赔与实际发生的医疗费用无关，无须提供发票。所以，消费者应对自身以及家庭的风险状况和财务状况来进行整体客观的评估，考虑持续缴费的能力，再理智地选择购买适合自己的保险。

**7. 只要投保，都能提供保障**

保险的保障范围跟我们想象的并不是一样的。例如，保险公司愿意赔的“重大疾病”和我们生活中真正的“重大疾病风险”就不是同一个概念，我们在现实生活中的许多疾病都是在其免责范围之内的。但很多人购买保险时，对所购买保险的内容其实了解的并不多。甚至是在保险代理人、业务员和亲朋好友的鼓励下购买的。对于哪些险种适合，哪些险种不适合，还没有弄清楚就稀里糊涂地签了保单，投了保过后才发现自己所购买的险种并不适合自己，这时要进行退保，又要承担一定的退保损失，进而陷入两难境地。

# 理财规划经典案例分析

## 1. 一个高收入家庭的投险计划：保险挣钱两不误

年近30岁的杨风四，是一家外贸公司的高层主管，28岁的妻子在外企任职，夫妻两人的年收入有40万，他们有一个12岁的儿子。目前，家里拥有30万的银行存款，市值为20万元的股票，以及一套100平方米的三室两厅住房，这套房还有15万元的贷款未还，每月的家庭开销加上还贷支出大约为1万元。此外，每月孝敬双方父母的钱约为4000元；孩子教育费用每年约为2万元。

杨风四考虑到自己跟妻子的年龄逐渐偏大，而孩子与老人所需要花费的资金也不断上升，于是，他想购买一份理财类的保险，一方面给自己和家人一些保障，另一方面还能够实现财富增值。经过几个月的认真分析与挑选，他选择了某家保险公司的“财富通B款”投资连结险。

这款保险产品是在传统寿险产品的基础上发展起来的，拥有传统寿险的身故和残废两大保障，并融合了独立的全新的个人投资账户功能，是目前市场中独具特色的一个保险加投资的保险理财产品，在稳健、可观收益的基础上，此款保险产品还具有风险保障功能，这是其他保险理财产品所不具备的。这对于追求稳健收益的杨风四来说，无疑可以就成自己平衡收益和抵御风险的理想。

杨风四选择的保险产品，保额为10万元，缴费期限为10年，年缴保费为2万元，其中，包括有5000元的基本保险费。与此同时，他还一次性追加保费20万，按照合同约定，他支付的保险费在扣除初始费用后，会进入个人投资账户。这期间，还有一些费用如保单管理费、风险保险费等，也将定期从个人账户中扣除，扣除后的个人账户余额才用于投资。

6年以后，36岁的杨风四发现，自己的个人账户中，竟然拥有337920元的资金。此时，已经年满18岁的儿子刚好高中毕业，他按照原定计划，从这笔资金中取出10万元，来送儿子出国留学。并且，他还依次每年从中取出10万元寄给儿子。四年以后，当儿子学成归来时，他已经从中取出了40万元，然而，这并不影响剩下的资金继续升值。

当杨风四48岁时，由于身体不适选择了提早退休，闲来无事的他，查看了一下自己的保险账户，里面竟然还有128012元，兴奋之余他开始推算起自己的保险收益来，当他58岁时，保险里的个人账户额度为205624元；当他68岁时，保险里的个人帐户额度为329772元。

杨风四欣喜地发现，自己当初30万的投资，竟然能换来二十几年后的30多万收益。除此之外，还不算他不幸身故或发生保险合同所约定的残废，可以领取个人账户价值和当时保额之和的身故保险金。显然，这笔钱再加上自己的其他投资，已经完全足够他今后养老的费用了！

当然，每一份理财类保险的收益与保障功能都不一样，一旦选错了保险的类型，可能不仅无法起到保障的作用，甚至还会使得自己的资金亏损。因此，理财险比其他理财工具更需要准备与分析，因为不同类型的保险产品，有着不同的收益与保障功能，并且，不同公司的同一款产品之间，也会产生巨大的收益差距，惟有选择最适合自己的那一种，才能实现保障与收益的双丰收！

## 2. 销售总监巧投分红险，财富锦上添花

已经35岁的马洪婕，是一家外资公司销售总监，虽然公司为自己购买了团体商业保险，其包含了团体医疗、疾病、意外伤害和定期寿险，但孩子的教育金、自己的养老金、父母的赡养费等依然需要资金，为了在保障自己身体的情况下，还能获取一定的财富收益，她选择了投资保险产品。对保险并不熟悉的马洪婕，开始翻看保险的相关资料，通过对自己职业、收入、家庭情况、年龄等更方面的对比，以及对市场上各类保险的分析，最后，她将目光锁定在了分红险上，因为它既有保障又具备理财功能。有了目标以后，她缩小了自己的搜查范围，重新开始了新一轮的资料翻阅行动。

在众多的资料保险之中，马洪婕选择了“中意福满金生两全保险”的分红型，因为这款保险的保障时间较长，可以提供终身保障服务。并且，还具有生存礼金定期领取的项目，她可以每两年领一次生存礼金，与此同时，该保险还提供意外身故保障及全残豁免，假如她在60岁前不幸因意外身故，受益人便可以额外领取一笔高达18倍基本保险金额的高额意外身故保险金。

随后，马洪婕购买了每年需交1万元的这种分红险。两年以后，当她第一次去领取生存礼金时，居然领到了高达基本保险金额30%的现金，即3000元的现金。这一给付比例在当时市场同类产品中名列前茅，这笔资金为她提供了一个长期稳定的现金流。除此之外，更让她感到欣喜的是，享受到了每一年该保险公司分发的红利，短短两年的时间，她就获得了近1万元的红利！

马洪婕在购买保险前的自我检测，是她获得投资成功的关键，在我们

投资任何一款理财产品之前，都应该跟自身的实际情况挂钩，尤其是对于具有保障功能的保险来说，自我检测就显得更加重要了。一般而言，自我检测就是投资者根据自己的职业、收入、家庭情况、年龄等，对生活中所面临的各项风险进行预测，看在哪些方面存在隐患和漏洞，需要保险来提供保障。

## 3. 老师的万能险，收益没有说的那么好

徐静雯是一位老师，2005 年在某保险公司购买了一款万能险，每年交保费 1 万元左右，期限为 10 年。购买这份保险以后，她便开始计算收益，她发现在交完保险费后，自己前 3 年所交的 1 万元中，会分别扣除 3500 元、2500 元和 1250 元的初始费用，第 4 年、第 5 年均须扣除 900 元的初始费用，第 6 ~ 10 年则须每年扣除 350 元的初始费用。除此之外，每年还要扣除几十元的保障成本，用于提供寿险保障。

10 年下来，光扣掉的费用就超过了 1 万元，剩下资金的实际投资收益，徐静雯按照市面上较高的结算年利率 3.6% 估算，经过 5 年、10 年和 15 年，她万能险账户中的实际收益分别约为 45513 元、109090 元和 130257 元。如果将这笔钱存在银行，按利率估算扣除利息税，经过 5 年、10 年和 15 年，能获得的本息分别约为 52562 元、113828 元和 132678 元。

如此计算，徐老师发现即使是长期投资 15 年，收益仍比存款低 2000 多元！

从徐静雯的案例中，我们不难看出，只有当万能险产品的投资账户收益率超过 4% 以后，它的实际收益率，才能比定期储蓄、货币市场基金等其他理财方式高。而且，万能险产品真正为投资者带来收益，需要在购买

这款保险的 7 年以后。在现实生活中，不少保险推销员都会刻意隐瞒这一点。所以，投资者们必须对此加以警惕，以免像徐静雯那样购买以后才发现，就为时已晚了。

当然，万能险也不是一无是处的，否则，也不可能获得大家的喜爱。如万能险除了能获得投资收益外，还可以得到一定的保障，银行存款就没有这种保障功能；万能险客户在提取保单价值资金后收益不受损失，而提前支取银行定期存款要有定的利息损失；万能险的结算利率可根据市场变动及时调整，而定期存款的利率调整要等到期后。

## 4.80 后的定期寿险：万能险

25 岁的苏小小，是一位 80 后的“金领”，年收入高达 16 万元以上。她想为自己的生活做一个保障“备份”，于是，她选择了投资保险，单身且身体健康的她，除了衣食住行外，几乎没有任何负担，只不过，由于工作需要，她常常会四处奔波，因此，她认为意外险应该是自己需要关注的。

然而，究竟应该选择怎样的保险产品，苏小小还必须进一步分析。身为外企职员的她，企业已经为自己交纳了一定的商业保险。所以，她觉得自己在购买保险时，可以更加偏重于投资类型的理财险，对于工作稳定、月结余加大的她来说，现在就可以着手准备养老金或进行投资性保险。她通过翻查资料发现，在所有的投资性保险中，除了连投险险与分红险之外，只有万能寿险具有保底收益。

于是，苏小小决定投资万能寿险 20 年，不但加强了意外险的保额，她还将“定期寿险”设计在万能险上，每月存 1000 元来作为将来的子女教育金或自己的养老金。在她购买这份保险之后，保险公司为她做出了一份收益报告，当她 35 岁时，其保险账户上的收益为 15 万元左右；当她 45

岁时，其保险账户上的收益最少为30万元；当她55岁时，其保险账户上应该有近35万元收益！

在这个案例中，有一点非常值得投资者们注意，保险是越早准备越有价值的一件商品，苏小小正处于年龄最低点、健康最高值的时期，她在年轻时买一些保险，不仅能更早地得到保障，而且，费率相对也较低，缴费的压力也会相对较小，随着年龄的增大，不仅保障晚、费用高，更糟的是还有可能会被保险公司拒保。这就提醒投资者们，如果要投资保险理财，那就务必请趁早！

## 5. 巧以分红险，单亲妈妈稳健理财

36岁的曹德平是一位单亲妈妈，她的现有资产，除了一些存款之外就没有做过其他投资，她有一年期定存1万元和三年期定存2万元。目前，每月结余都放在活期账户中，虽然公司已经为自己上了社保，但是为了将来考虑，她认为还是要购买几款收益稳健的保险理财产品，以给儿子将来上高中、大学准备一笔教育金，并且，也可以作为自己的养老补贴之用。

有了购买理财保险的曹德平，开始选择适合自己的保险产品，在她的精挑细选之下，终于选出了两款人身保险。其中一款是自己的安馨定期寿险：24万元＋附加定期重大疾病10万元保障，保障期为20年，保费共计每年1630元；还有一款无忧宝意外伤害保险：10万元＋附加住院费用医疗保险1万元＋附加每日住院补贴100元/日＋附加意外伤害医疗5000元/次，保费共计每年881元。

除此之外，曹德平还为儿子投了一份理财保险产品：财溢人生终身寿险（万能型）10万元＋附加意外伤害10万元＋附加额外重大疾病10万元

+附加意外伤害医疗3000元/次。另外，曹德平还将每年1.5万元的额外收入，追加到了儿子的万能型保险个人投资账户中，因为翻查诸多保险资料后，她发现这相比银行存款而言，能够通过更长期的资金运作，达到较为可观的稳健收益。

其实，在购买这些保险之前，曹德平早就精心计算过收益。

三款保险每年需缴保费3500元，一直交至儿子25岁，即曹德平退休年龄55岁，以及连续5年每年额外趸交的1.5万元，便能够在儿子上高中时，每年支取4000元的教育金补充；在儿子上大学时，每年支取1万元教育金补充；当曹德平55岁时，该保险个人账户中的余额约有19万元左右，可以作为自己的养老补贴，也能根据实际需要，予以有计划的领取或放在账户里继续累计生息！

作为现代社会中的一个弱势群体，单亲家庭必须具备一些基本的保障，其中，意外伤害和重大疾病是造成家庭不安的主要因素。所以，我们在进行投资理财之前，要将这些不良因素一并纳入了自己的整套保险计划中。此外，在购买理财保险时，单亲家庭还应将家庭保障的重点，放在孩子将来所需要花费的资金上，以保证孩子今后的生活、学习无忧。

## 6. 选对保险公司，职场新人轻松实现财富增值

23岁的杨雨馨是一位职场新人，她想购买一份投资性质的保险，通过了解，她发现选择一家好的保险公司非常重要。于是，她开始了自己投保前的准备。

杨雨馨的第一步，是从众多的保险公司中，选出实力较为雄厚的几家。因为她在网上搜索发现，当发生大面积的灾害事故时，在众多的

客户索赔面前，实力雄厚的保险公司总能从容应付，以其足够的实力为客户多挽回一些损失。而相比较之下，那些实力较弱的保险公司，往往会在此时显得犹豫推托，不但无法解决实际问题，还会让投保人徒增烦恼。

杨雨馨的第二步，是从第一步选出的这几家保险公司中，再筛选出了两家信誉好的保险公司。因为她发现投保后不予以赔付的案例非常多，所以，除了要保险公司的实力之外，她还必须衡量其是否有良好的商业信誉，最主要是查看该公司以往的赔付案例，看其能否在保险事故发生后，以最快、最合理和最热情的理赔服务，来回报平日关照他们的客户。

前两步做完以后，杨雨馨便开始了最后一步的选择，那就是选择一个适合自己的理财产品。从最后这两家的理财产品中，她选中了平安保险的万能险，从这款产品过往的收益中，她发现这款产品不但收益相对稳定，而且正处于事业奋斗期的她，既不需要分红险的两年返利，也交不起高昂的连投险，所以定期支付的万能险，最适合她这种职场新人来进行储蓄理财。

就这样，2005 年，杨雨馨投资了每月 500 元的平安万能险。2008 年的金融风暴，让很多保险公司的理财险都降低了收益，但平安公司的万能险，却依然以 5% 的收益吸引着投资者们的目光，在央行多次调息的作用之下，杨雨馨的平安万能险收益也随之不断增加。她粗略地计算了一下，待她交满 20 年的万能险以后，原始的 12 万元本金，将会变成 20 多万的收益！

杨雨馨的投资成果，应归功于她实施了“投保三步骤”：

首先，选择实力雄厚的保险公司，这是投资者获得保障的关键。对于这一点，投资者要先了解保险公司的资本金、准备金及资金动用情况。

一般而言，资本金越多，保险公司的承保能力越强，偿付能力越强；同样，准备金提取得越多，资金也就会运营的越好，我们获得的收益也就会越高。

其次，选择信誉好的保险公司，这是投资者获得赔付的依据。对于这一点，投资者要考虑保险公司的总保险费收入、营业网络、保险单数目、员工人数以及该公司过去的业务业绩等，尤其要注意在这家公司的历史上，有没有发生过难以偿付保险金的事件，这种事件越多，其信誉就越差。

最后，注重保险公司提供的产品。选择良好的产品是获取收益的重点，优良保险产品通常应具备这些条件：一是保障齐全，使投资者能按需要获得不同的保障；二是灵活性高，在保险期间保险费交纳、赔款给付、优惠条款等方面，可为投资者提供最大便利；三是竞争力强，这主要体现在服务方面；四是能让投资者选择合适组合，更可按照自己的要求，量身设计独有的保险计划。

# 第六辑
# 投资房子或铺子，收益撑破你的钱袋子

随着房价和房租的上涨，投资房产能让一个人财富急剧增长——这成为很多人暴富的捷径。很多人辛辛苦苦忙了一辈子，还不如人家轻轻松松炒一回房子。所以，假如你有足够的闲钱，就去投资房产去吧。

## 找到适合投资的房产，获得升值潜能

对于大多数人来说，房子就是自己的温馨小窝，就算是拥有了很小的房子也能使自己有安全感。租来的房子再怎么豪华漂亮那也不是自己的，既没有支配的自由，而且还要做好随时搬家的准备。因此，如果你有足够的闲钱，觉得存在银行里利息太低、嫌炒股又怕风险太大，那你可以尝试着投资房产，这也是一种不错的投资方式。房子一方面可以作为你的个人资产，它存在巨大的升值潜能；另一方面又可以让你找到有家的温馨感觉。因此，如果投资者有足够的经济能力，与其为现在的房东“打工”，不如为自己的房产“打拼”。

不过，投资房产毕竟不是一个小的投资项目，它需要一笔很大的资金。所以在购置房子之前，投资者一定要把各个方面的情况了解清楚，最重要的是要知道哪些房产是适合自己投资的。

1. 选地段

所处地段好的房子总是受到人们的青睐。尽管有些地段没有那么好，但是也有可能经过发展而变成好地段，这些都是很难预料的。好地段则不一样，它在相当长的时期内一定还是好地段，甚至还可能变得更好。处于好地段的房子所占用的土地基本上已经成为不可再生资源，本着“物以稀为贵”的原则，它的价格基本上是不断上升的。况且，城市中的好地段毕竟有限，因而更具升值的潜力。因此，好地段的房子虽然售价较高，但其具有更强的升值潜力受到大多数投资者的欢迎。可见，如果你的资金比较充裕，不妨选购个好地段的房子。

2. 二手房

一般情况下，在相同的地段，二手房的价格比新房子要便宜些，而且有成熟的商业圈和生活环境。在房产市场上，由于房产的期限和房屋新旧的问题，二手房在价格上更占据一定的优势。因此，如果你不是非要新房不可，那不妨购置一套二手房。这样的房子一方面能为你提供更加便利的居住条件，另一方面也可作为出租房赚取一些租金。当然，你还可以关注房产市场的情况，选择好的时机将所购房出售。

3. 找期房

期房就是还没完全竣工的房产，这样的房产开盘价相对来说是较低的。房地产开发商通常用这种提前预售的方式来进行融资，以便提前收回自己的资金，进而减少资金投入过高的风险。期房的价格通常要比现房的价格低很多，而且你还可以提前买到你想要的户型、朝向和楼层的好房子。不过，期房毕竟是还没有竣工的房子，所以很难预料房子建好以后的具体情况，因此风险性还是较高的。所以，在购置期房之前，你首先要对开发商的实力和楼盘的前景有一个正确的认识和了解，以便尽量减少风险。

4. 购尾房

众所周知，“尾货”通常都是很便宜的，“尾房”也是如此。楼盘销售到后期的时候，剩下的基本是户型、楼层或朝向不好的房子。开发商为了不影响以后的开发计划，通常会在成本已经收回的情况下，将这些尾房以低价脱手。因此，如果你对房子的要求不是特别的苛刻，不妨用便宜的价格购进尾房。当然，你也可以在适当的时机再把房子卖出去，赚取差价。需要注意的是，在购买尾房的时候，最好是竭尽全力地去砍价，以最大限度地减少你的资金投入。

5. 拆迁房

要拆迁的房子买来做什么呢？当然是为了争取拆迁的补偿。因为每一个城市要旧城改造、修建道路等原因，有很多房产是需要拆迁的，而拆迁时房屋的业主通常都会得到一笔优惠的补偿。如果能提前购置一套等待拆迁的房产，通过拆迁补偿来获得收益，也是一种不错的投资。只不过投资这类的房产需要对城市建设和规划有一定的详细了解，如果消息灵通，事先知道哪些房产会被拆迁而提前投资，得到丰厚的房屋补偿费应该是不成问题的。

总之，不管你购置哪种房产，也不管你投资房产的目的是用来自己居住还是单纯的用于投资，都要看准时机、衡量对比。毕竟对于大多数人来说，房子是人生的大事之一,千万马虎不得。另外，买房子也是为了让自己生活得更舒适，而不是让自己沦为“房奴”，因此购置房产时一定要考虑自己的经济实力。

# 巧用房贷，使“房奴”变房主

现在，越来越多的人加入到贷款购房者的行列。因房子而为银行打工，已是无法改变的事实。那么，如何巧妙地利用银行房贷的方式来为自己解忧，规避风险，由“房奴”变为房主呢？

巧妙地利用银行还房贷的方式，不光有利于尽快还款和方便投资，有些精明的投资人还能从一个合适的贷款中赚出钱来。根据贷款品种的不同功能，选择适合的投资方式和目的，这样关系到你的投资是否能获取更高的利润。

为了利用房贷，使“房奴”变为房主，你就需要选择功能灵活的贷款产品。贷款产品的功能是至关重要的，有的产品对多还款和再取款有若干的限制，这会滞后还款期。有时这类产品以较低的初始利率来吸引客户，一些客户只看到其表面的利率，不了解其稳定性、功能及一些限制的条件。所以要选择功能灵活的贷款产品，使各种收入直接进入贷款账户，在第一时间冲掉本金、抵消利息，能大大缩短还款期。你可以采取以下措施：

### 1. 选择合适的还款期限

一般而言，贷款购房，还款年限一般选择在 15 ~ 20 年较为合适。若是贷款年限过短的话，还款的压力就相应较大，如果你的工作一旦发生变更，就可能导致无力还贷。但如果你能预期自己未来的收入会有大幅度增长，则不妨选择较短的还款期限，这样一来可以少付利息。若你有住房公积金，在购房时能用多少公积金就尽量用。就算工作的时间不长，公积金较少，但能用也是最好用，同时这样可以少付利息，因为用个人公积金贷款，贷款利率较低。

2. 选择变种房贷

变种房贷有两种方式：

（1）宽限期。贷款发放后，在合同约定的时期内，只需每月支付利息，暂不归还贷款本金。待宽限期结束后，按照合同约定的等额本金或等额本息方式还本付。

（2）存贷通。在银行建立一个存贷通的账户，银行规定超出5万元以上的存款，银行按比例视为提前还款，以减少你的利息支出。一旦急需，可提取房贷理财账户中的所有款项。

3. 选择移动组合房贷或入住还款法

对于“月光族”来说，要想成为房主而非“房奴”，入住还款方式可以降低交房初期的经济压力。还款人可以申请从贷款第一个月开始，与银行约定一个时间段，仅偿还贷款利息，无须偿还贷款本金，约定期满后，再开始采用等额本息或等额本金的还款方式归还贷款的本金和利息。如果购买的楼盘是期房，用这种房贷方式的话，还可以免除购房者过一边交着房租，一边交着月供的生活，同时也减轻了自己的许多压力。

不过，需要提醒的是，这种“只还息，不还本”的最长时间不能超过12个月，但也不能低于6个月。期满后，购房者需按照事先与银行约定的等额本息还款方式或等额本金方式还款。

# 看房子，主要看升值空间

最近几年，全国各地的房价都在疯狂涨价。以北京为例，在2006年时北京的平均房价为每平方米8千元，到了2010年就上涨到每平方米2万元，4年时间共上涨了150%，远远超过了GDP和个人收入的增长速度。同时疯涨的房价也让很多人一跃成为百万富翁，甚至是千万富翁。虽然说，房价都在上涨，但各地房价的涨幅却并不相同，同一个城市不同地段房价的涨幅也是相差很大的。

对于购房者来说，不管是买来居住，还是作为投资，都应该购买有升值潜力大的房子。道理人人都懂，可是，我们怎样去判断自己买的房产的升值潜力呢?

### 1. 看天时

住房的价值先从天时开始，日照、采光、通风等气象条件和房屋景观、小区绿化、是否临水等人文条件，以及有无空气、水流等公害污染等都是考虑对象的范围。具有升值潜力的房产，小区内应辟有大量的绿地或种植有园林。像这样的小区就可因局部区域绿地的变化而使环境得到良好的改善。

同时，房屋建筑物本身的艺术造型与周围公共设施的协调一致往往就是居住小区内环境舒适宜人的直接表现。再者，若小区傍水靠园，那么水景园艺也会一览无余，心情之舒畅是不言而喻的，同时也必将远离尘嚣的噪声和污染，换来一片清静之地。

2. 看交通

单从交通条件来说，处于城市中心地段房屋升值的前景要优于城郊的房屋，城中心地段的房屋对于上班族来说可以节约大量的交通费用与时间，同时也可省去交通堵塞、交通事故等带来的不必要的麻烦。不过，如果是处于城郊房屋的交通也比较方便的话，其升值空间也是不容小觑的。

3. 看环境

小环境主要是指小区所处区域的城市功能规划性质、小区周边建筑物景观、小区物业管理水平等方面。对环境条件的选择首当其冲的就是居住功能区的选择。随着社会经济的不断发展，住房的分布也会遵照城市功能的规划进行安排，如中心的商务区、工业区、文教区，居住旅游区等。小环境越优越，房产的升值潜力自然就越大。

4. 看规划

城市规模每天都在扩大，而相对应的城市规划也一直都在推进，由此带来的人口迁移、道路建设、土地开发等，完全有可能带动一个新的“黄金地段”的崛起。如果你预先对城市的建设规划和未来发展有一个前瞻性的认识和了解，那么你所购买房产的升值空间必然就很大。所以，平时多关注一些城市规划方面的信息，对自己是有很大的好处的。

5. 看配套

衣食住行等日常生活的便利与齐全，是一个好地段的最基本的标志。这些设施包括现有的，也包括即将要实现的。具有升值潜力的房产，超市、餐厅、银行、医院、学校、公园、休闲娱乐等配套设施，不仅应“一应俱全”，而且还要具备一定的档次和品质。

6. 看物业

物业管理是房子升值的最直接的有效保障。可以说，物业管理就是一个楼盘生命的延续，也是树立楼盘品牌的关键所在。物业公司就像是管家保姆，它对小区的管理，包括房屋维修、设备维护、区内道路、园林绿化、治安保卫、环境卫生等。这些都会直接影响住户的生活质量，也会直接影响到楼盘的升值空间。

如何判断物业公司的优劣呢？可以从以下三个方面来看：

（1）管理团队是否优秀。这要看这些管理和服务人员的业务素质和人品的素质。

（2）独立经营，信守承诺。这点可以从物业公司投入资金的多少来衡量。

（3）快速响应业主们的投诉，不断提高服务的质量。

如果想让你的房产有所升值的话，那么选择一个优秀的物业公司管理的房产是非常有必要的，它同时也是直接影响你房产升值的一个很重要因素。

其实，房产能否升值以及升值空间有多大，是受很多因素的影响。计划投资房产的朋友，一定要对投资的房产全面权衡，多方考察，全面了解，看好房产的升值潜力，再下手！

## 理财规划经典案例分析

### 1. 房产中的 80 后富翁：都是房子赐的福

2001 年，20 岁的李宝林还在读大学，由于大学空闲时间较多，他常常在外面做兼职，并将赚来的钱存入了银行定期。为了能够给自己多一些私人空间，李宝林长期在外面租房独居，短短几年的时间，他已经明显感受到了房价的快速上涨，于是，他在想：如果现在低价买一套房，用不了多久一定会涨价。

2003年，李宝林将自己辛苦攒下来的钱取出，并在父母的资助之下，买下了自己的第一套房，虽然只是一个不足50平方米的小居室，但这却是他走向独立生活的开始。大学毕业后，李宝林开始从事房地产工作，由于是实习生，每月的工资只有800元，幸好公司有免费提供住宿的政策，于是，精明的他将房子租了出去，自己住进了单身宿舍。

2004年底，已经成功卖出几套房子的李宝林，手中积攒了3万多元的资金，再加上一年来的房租近2万元，他一共有5万元的资金，具有理财意识的他，将这笔资金投入到了基金和股市中增值。不久，李宝林交往了一个女朋友，女友是一家外企的文秘，月收入2500元左右，并且，这几年还存下了5万元。

2005年下半年股市一片大好，李宝林手中的股票与基金收益达到了100%，当初投入的5万元资金，瞬间就变成了10万，跟女友商量以后，他们一起贷款购买了第二套房产，随着房租的上涨，他们将第一套房子的房租用来还贷。

2006年，李宝林跟女友的工资都得到了提升，于是，他们又贷款购买了第三套房产，虽然第三套房的位置比较偏僻，却非常具有升值的潜力，由于位置不那么理想，所以价格也比较便宜，他们两人的工资，就足以应付这套房的房贷了。随着房价的大幅攀升，李宝林手中的三套房产也日益增值，其总价值已经超过了300万元人民币！

在这个案例中，李宝林的成功关键在以下两点：

首先，他懂得用其他渠道先积累资金。众所周知，房产投资是所有理财工具中门槛最高的一项，每一次投入都要十几万以上，这对于手里没有多少闲钱的理财者而言，无疑是一个沉重的打击。此时，投资者就需要将有限的资金，放入到无限的投资市场之中，如股票、基金等，先攒足房产的首付。

其次，他懂得投资不能超过自己的承受能力。无论哪一项投资的前提条件，都是不能够让自己变成“负翁”。因此，投资者在资金有限时，不妨先别选择价格较高的中心地带，将目光投向具有升值潜力的偏僻位置，虽然中心地带的收益会更高，但其还款的金额也很高，如果将所有资金都投入这套房子，那么，整个房产投资的总体利益，就会因不够稳定而有所偏差了。

## 2. 干部偷闲玩转房产，5 年财富增值 200 万

家住安徽六安市区中环路的黄明中，是一位国企中层干部，收入稳定的他，几年下来，已经积攒了 20 万的资金。2004 年，他在一次同学聚会上，获知中环路一栋新开楼盘的商铺正在出售，该处价格适中、地理位置优越。得知信息以后，黄明中便以 20 万为首付，用 60 万元的总价，买下了 3 间 50 平米商铺。商铺经过短时间的运营，经营局面迅速打开，铺面租金不断上升，仅半年时间，商铺就升值 20%，按揭购买的 3 间铺面，一年多后，转让一间就能获利 10 多万。

2006 年 7 月，黄明中手中的商铺价格已经超过 100 多万。此时，买者和求租者众多，面对如此火爆的场面，他委托中介，一次性将 3 间商铺全部转让了，他用转让商铺的钱还完按揭后，竟然净赚了 60 多万。这种收益让他尝到了房产理财的甜头，与此同时，也更加坚定了他投资房产的决心。

2006 年年底，黄明中很快又在皖西学院学附近买下了 4 套小房子，他之所以看中校园房产，原因是现在很多的大学生，都喜欢在学校附近租房子，并且，他们喜欢房租较低的小房子。他的 4 套房子离黄冈师范大学很

近，面积只有40多平方米，属于使用权的房子，要价仅20万元，他将自己手上的80多万全部投了进去，然后借钱对这4套房子进行了简单的装修。

2007年，当附近的大学暑期结束后，黄明中装修一新的4套房子，以每月2000元的价格轻松租了出去，他为这些房子算过一笔帐：20万元买一套房子，3万元装修，总共才花了23万元，但收益每年最少有5万元左右，其年投资收益率为23.2%，5年就能收回投资，这还不算每年房产自身的增值效益。

手里有了4套房子，每个月都有8000元稳定的房租收入，有了一笔新资金入账的黄明中，又开始了他的房产投资计划。2009年年初，黄明中卖掉中环路上自家的老房子，卖房款40万元作为首付，贷款90万元买下了六安一处高尚小区的一套3居室，新房子环境优雅、格局合理，全家人都对新房赞不绝口。

这时，搬进新居的黄明中产生了一笔90万元的按揭。实际上，他早就已经规划好了，4套学区房的房租收入正好够每个月的还款额度，他完全不必用自己的工资收入来补贴按揭。此外，黄明中也做好了将来利率提高的准备，一旦银行利率进入快速的加息通道，他可以择机卖掉学区房中的一两套，所获现金用来提前偿还新居按揭，这样，他既可以坐享房屋升值的利益，又可以合理规避贷款利息提高的风险。

2010年底，黄明中为自己的理财之路算了一笔账：4套学区房总价达到130万，加上他已经还了的按揭60多万元，当初的20万本金已经变成了200万元的不动产资产。仅仅几年的时间，黄明中就依靠房产投资摇身一变，成为了一名拥有200多万资产的百万富翁！

身为投资者的黄明中非常有理财技巧，他从始至终都没有降低自己的生活质量，既没有做“富翁”，也没有当房奴，而是巧妙的将房租与贷款相抵，这是投资房产的一个重要投资技巧。房产的收益不仅仅只局限于买卖的差价，还有其出租的额外收益，尤其在目前政府对房产业进行调控的情况下，投资者就更应该采用这种投资技巧了。

## 3. 尾房浪里淘宝，家庭主妇也能赚黄金

赵晓丽是一个典型的家庭主妇，丈夫则是一个私营企业的老板，他的薪水不但足以应付日常开支，每年还有不少结余，几年下来，家里已经有了 80 万的存款。2003 年春节时，赵晓丽去一个朋友家拜年，她觉得朋友居住的小区很有升值潜力，于是，便想购买一套那里的房产，打听之下，她得知该小区的房产提前几年就已经预订完了，现在只剩下尾房。

一听只有尾房，赵晓丽的心里马上一沉，但通过网上搜索，她发现了尾房的优势。一般情况之下，人们都会将注意力放在新推的楼盘上，所以，其价格往往是居高不下，而那些成熟楼盘的尾房，却因为各式各样的原因价格比较适中，甚至还有可能买到物超所值的房产。于是，赵晓丽突然想到：如果低价格购入尾房，待房价上涨后，再转手卖出去，那岂不也可以好好赚一笔。

于是，赵晓丽将自己的想法告诉了丈夫，在得到丈夫的支持后，她有事没事就往那个小区跑，等待开发商再次甩卖尾房。2004 年的元宵节之前，她终于看到了梦寐以求的尾房甩卖通知：115 平方米，三室两厅一卫，现价 52 万元。

赵晓丽在心里作了一个估算：目前，这里的二手房至少要每平方米 5000 元，虽然尾房楼层、朝向等选择的余地不多，但每平方米 4500 元的价格，确实是便宜得不能再便宜了。紧接着，赵晓丽马上就去看了房，基

本上都还满意，她立即就将订金给交了，走出售楼处的时候，她就开始盘算这套房子能涨到多少。

2005年底，该小区的房子全部售完，但想进入小区的业主却大有人在，一时间，该小区的二手房价位陡然飙升，直到2006年初，其每平方米的单价，就已经从5000元涨到了7500元，这时，赵晓丽觉得时机成熟了，便以84万元的价格，将自己手中的那套三居室出售了，这一买一卖之间，她就净赚了32万元！

在现实生活中，不少房产投资者都对尾房惟恐避之不及，殊不知，尾房具有价格的优势，这在无形中便降低了投资的成本，但需要主要的是，在投资尾房的过程中，不能盲目地进行交易，而应当先算清楚收益，再去实地查看房子，因为尾房虽然不是烂房，但本身也有些缺陷，所以，投资者必须谨慎小心。

## 4. 退休在家开发地下室，租售并行齐获利

退休在家的王国华手里积攒了近100多万元的存款，闲来无事时，他便会去自家附近逛一逛，寻找好房子用来投资，因为他觉得房产是收益最大的理财工具。王国华居住的那一片是繁华地段，高楼大厦此起彼伏，他发现不少高级白领们都在附近工作，他们每天都开着车上下班，却苦于常常找不到车位，此时，他便有了出租停车位的想法。

这一天，王国华无意中看见一间地下室出售的启示，买下这个不正好可以出租停车位吗？于是，便立刻掏出手机跟卖主联系，经过多次的见面协商以后，卖主终于同意以80万元出售。

接下来，王国华便开始着手规划自己的停车场，为了能够更有效的利用土地，他将地下室兴建为上、下两层的机械式停车位，这样就能够拥有

100 个停车位了，至于收租的方式，根据他前一段时间的观察，这一片区人们的作息形态是：白天的高级白领们办公人潮众多，可以采取月租制，每个车位暂时定为每月 100 元；白天其它时间或夜间，则以计时收费方式，供普通百姓暂停。

王国华的停车位刚开始出租，便引来了众多白领们的青睐，甚至不少白领还要求年租，并愿意多付些租金，面对如此火爆的场面，他当即决定推出每年 1500 元的出租方案。正当王国华打算就这样以收租赚取利润时，一位经常抢不到车位的白领告诉他，自己愿意以 20 万元买下一个停车位，王国华立刻将一个位置较好的车位，卖给了这位白领。

从那以后，王国华便一边出租车位，一边贴出了车位出售的通知。

3 年以后，王国华的车位已经卖出了一半，剩下的一半则继续出租，此时，他给自己这 3 年的房产收益，作了一个小结算，已经卖出的 50 个停车位获利 100 万，几乎每天都爆满的租位，以每月 100 元的租金来计算，3 年他总共收获了 36 万元的利润，再加上剩下 50 个车位的价值，他获得了 236 万元，其中，还没有计算部分每年 1500 元的租金，以及停车位的未来升值收益。

除去 80 万的本钱，王国华 3 年的纯利润是 156 万元！

很多投资房产的人，都只将目光放在住宅商品上，殊不知，房产投资是多式多样的，如少有人问津的地下室，就是一个不错的选择。但对于这种对市场要求较高的投资项目，投资者必须事先规划出获得收益的方案，如出租车位、出租库房、开健身房、开超市、开棋牌室等，由于其大多都是作为商业用途，因此，投资者还必须着重考虑它的地理位置。

## 5. 掌握技巧，小女子成为二手房投资赢家

2001 年，王艳娱大学毕业开始参加工作，父母为了能给她一种安稳的生活，便为她在市里购买了一套小居室。随着房价的上涨，这套当初不到 30 万的房子，价格已经直线上升到了 50 多万，看着如此巨大的投资利润，她决定利用闲暇时间，投资房产来实现财富增值，她在这套房产升值到 60 万时，出售了。

这时，加上平时的储蓄，王艳娱的手中有了 65 万元现金。随后，她用其中的 20 万元，在市区附近贷款购买了一套二手房，房子是一个两居室，由于刚毕业不久，没有足够的资金还贷，于是，她自己住在这套二手房其中的一间次卧，而主卧则以 1500 元租了出去，用这笔租金来偿还贷款。

第一次买房经历，让王艳娱觉得二手房的价格比现房便宜，因此，她打起了二手房的主意，还剩下 45 万元的她，原本想在上海再购买一套房，但上海的房价增长太快，她这点钱根本就买不了位置较好的房子，她只好将目光投向了其他城市。经过详细分析之后，她终于确定了自己的投资目标——省会城市。

王艳娱发现，省会城市的二手房普遍具有升值潜力。于是，她用 30 万元在武汉购买了一套二手小居室，而用 15 万元以等额本金的方式，贷款购买了一套二手大三居，并用小居室的租金与大三居的租金，来偿还大三居的银行贷款。如此一来，她就可以在不降低生活品质的情况下，轻松拥有三处房产了。

2005 年，全国房价都在直线上升，此时，大三居的银行贷款已经逐渐降低，这一套房子的租金足以应付房贷了。因此，王艳娱打算出售武汉那套地段和楼层都不错的小居室，她以低于市价的 50 万元，很快出售了这

套房产。

手有现金的王艳娱，又陆续将这笔钱投入了房产市场，她用25万的价格，分别在南昌和南京再次购买了两套二手房产。此时此刻，王艳娱的手上已经有四处房产了，一套是自己居住的上海两居，另一套是武汉正在出租的大三居，剩下的两套，就是她刚买下的南昌处房产与南京处房产。

2006年年底，王艳娱手中的房产都在增值，位于上海的两居室价值120万元；位于武汉的大三居售价为75万元，而位于南昌的房产涨到了38万元左右，位于南京的房子则接近32万元市价，这些房产加起来，总共价值265万元！

一直以来，二手房都是投资者们的天堂，在这一过程中，投资者必须具备对市场的远见。案例中的王艳娱便做到了这一点，她在上海房价居高不下的情况下，选择了投资价格优惠、升值潜力巨大的省会城市房产。其实，除此之外，发展较好的二、三线城市，以及交易量较多的城市房产，也很值得进行投资。

## 6. 投资商铺，轻轻松松成为千万富翁

张先生住在上海徐汇区一个较大型的小区里，这个小区在2005年9月份期间，开始发售40～60平方米的投资型商铺，当时的均价为每平方米1.3～1.5万元，这批商铺具有独立的产权，业主可以自由经营。热衷于理财的他，看中了商铺的九成实用率，该商铺是8米超宽的店铺门面，面积47为平方米，总价为70万元左右，于是，他决定买下7间这样的商铺。

两个月后，张先生将商铺进行了简单的装修，便以每间租金4000元一个月的价位，全都租了出去，就租金这一项，投资回报率就达到了7.3%

左右。2008 年，张先生所在的小区，再次推出了一批新的商铺，均价已经上升到了每平方米 2.6 万元，随着这批商铺售价的上涨，他手中的 5 间商铺也直线上扬。

此时，张先生计算了一下自己的房产收益，5 间商铺现在的市价是 855.4 万元，3 年的租金 100.8 万元，总共加起来是 956.2 万元，已经接近千万了！

投资商铺，需要分析商铺的位置、经营方式等因素。

一般来说，商铺能否做旺，主要取决于地点、人流状况，以及消费群的整体消费水平。因此，人丁兴旺的住宅小区，应该是投资者们的首选，就楼市环境而言，整体环境良好的小区商铺回报率越高，升值空间也越大；从楼盘自身的角度来讲，各大小区居住氛围日渐成熟，小区的配套设施也已经完善。但裙楼商铺就不适宜投资，因为其需要整个裙楼商场经营主题，或者裙楼商场内部品牌店的带动，这种商铺受制约的因素，往往会比单纯的小区商铺要多。

# 第七辑
# 黄金投资风险小，是你理财的“稳压器”

一次物价上涨，等于将你的财富缩水一次。让财富保值，才能真正是保护了自己的财富。众所周知，黄金价值是天然的，黄金被比喻为理财的“稳压器”。而股票、期货、债券等信用投资产品的价值则是由信用赋予的，具有贬值甚至灭失的风险。在通货膨胀和灾难面前，黄金也是一种重要的财富保值工具。

## 黄金可以保值，投资也是最好

正是因为黄金的贵重以及投资的优势，很多投资者都热衷于“炒黄金”，而且通过黄金投资赚到了不少的钱，即使赚不到钱，黄金也可以保值，帮助家庭抵御通货膨胀，抵御金融危机等。

赵小姐就是在2005年的时候，把自己的时间和精力放在了金银币的投资上。她通过分析认为，在当时股市低迷、基金乏力，投资金银币应该是一个不错的选择。后来，做了几年金币收藏的赵小姐有了一个根深蒂固的观念，“不管价格怎么样，黄金永远也是黄金”。在2008年奥运会之后的一段时间，黄金的价格是水涨船高，因此赵小姐也在黄金的投资中获益不少。

在选择投资黄金时，赵小姐和很多其他的人一样，都选择了将金币作为投资的对象。金币的基础材料就是黄金，而且比黄金本身还贵出了手工费、艺术感，无论再怎么贬值，其价值都不可能低于市场上黄金的价格。而黄金本身又是硬通货，有保值升值的作用。所以在收藏品投资领域一直有这么一句话：只要时间耗得起，总归还是会升值的。这句话对金银币的投资也是同样成立的，因为黄金本身就是稀有金属，物以稀为贵。而且，市场上每次投放的金银币量都是受到控制的，一段时间后想买的人即使你再有钱，也不一定能买得到。所以金银币增值潜力巨大。

人们收藏黄金，一方面除了能够做投资，让它升值；另一方面，它还有一个很重要的作用，那就是抵御通货膨胀。在通货膨胀时，最不好过的就是这些家庭主妇了，因为什么东西都在不断地涨价，只有工资没有涨，这时候家里日益增长的开支往往让这些主妇们头疼。而投资实物黄金却是一个非常好的抵御通货膨胀的方法。因为黄金具有抵抗通货膨胀的长期保值功能。黄金的长期保值性就在于：等量的黄金可以换到等量的商品或服务，可以抵御通货膨胀带来的币值变动和物价上涨的影响。

英国著名的裁缝街萨维尔罗街的历史来看，两百多年来，在这条长约300米的小街上，一套量身定制的高档西装的制作价格，折算成黄金，基本稳定在五六盎司，这是黄金购买力在一个很长时期里保持稳定的一个有力明证。也就是说，无论商品的价格有什么样的变化，其对黄金的相对价格都是基本固定的。

当然了，很多人一听到购买黄金会有这么多的好处，就开始一哄而上，就开始疯狂地购买黄金。殊不知这样其实并不好，购买黄金，需要根据各种不同的情况来量力而行，而且，还需要保持一个良好的心态。一般来说，黄金的平均价格每年都保持在15%以上的涨幅，收益比较稳定。不过，想要投资黄金的投资者也要注意，尽量不要买饰品来投资，因为饰品的价格要远远要高于金条的价格，这样很不划算。

## 黄金投资新手要懂得如何入门

金市的疯狂增长，让不少从未涉足该领域的投资者都蠢蠢欲动起来。如果你从来没有接触过任何有关的黄金交易，又该如何入门呢？

**1. 选准时机**

每一年的5月中旬至11月这一段时间，黄金市场最大的消费国印度有多个宗教节日，将刺激对金饰的需求。此外，第四季度适逢西方的感恩节、圣诞节和中国的农历春节等传统节日都是对黄金需求的旺季，因此，在年底之前，金价一定会有上涨的空间。

**2. 止损止盈**

股市有风险，炒黄金也是一样的。因此，每次交易前都必须设定好“止损点”和“止盈点”。当你频频获利时，千万不要大意了，不要让亏损发生在原已获利的仓位上。当面对市场突如其来的反转走势时，宁可平仓不获利，也不要让原已获利的仓位变成亏损。不要让风险超过原设定的可容忍的范围，一旦损失已跌到原来设定的限度，不要犹豫，该平仓就平仓，该“割肉”就“割肉”，关键是一定要控制风险。

3. 关心时政

国际金价与国际时政是密切相关的，例如，欧债危机、朝鲜核问题、恐怖主义等造成的恐慌。国际原油价格的涨跌，各国中央银行黄金储备政策的变动等一些时政。因此，新手炒黄金一定要多了解一些影响金价的政治因素、经济因素、市场因素等，进而相对准确地分析金价的走势，把握大的趋势，才能把握盈利的最佳时机。

4. 分批介入

全仓进入风险往往是很大的，市场是一个变幻莫测和千变万化的地方，即使你有再准确的判断力也会容易出错。新手炒黄金由于缺乏经验，在刚开始时投入资金时不宜过大，应先积累一些经验再进一步地进行。如果是炒“纸黄金”的话，建议采取短期小额交易的方式分批介入，每次卖出买进 10 克，只要有一点利差就出手。这种方法虽然有些保守，却很适合刚入市的新手操作。

5. 选购黄金藏品

随着黄金原料价格的不断上涨，黄金藏品的投资价值在不断地攀升。黄金藏品不仅具有黄金的本身价值，而且还具有文化价值、纪念价值和收藏价值，对于新手而言，黄金藏品的投资是一项比较稳当的投资。

## 黄金投资理财方案因人而异

黄金投资，不论你是平民百姓还是富商巨贾皆可参与的市场，已经成为世界性的金融投资方式。目前我国人均黄金拥有量为 3.5 克，而世界人均黄金量的平均水平是25克，在这方面中国的黄金市场的前景还是很广阔的。那么投资者如果要进行黄金投资的话，以下方法可供借鉴：

**1. 投资黄金从金条开始**

说到黄金投资，大部分的投资者首先想到的肯定就是金首饰。金首饰当然是很多人都会有的物件，戴在身上，那种金灿灿的闪耀感所带来的魅力是无与伦比的。但是作为投资来讲，购买金首饰却不是最好的一种选择，金条、金砖之类的才是投资实物黄金的最好方式。为什么这样说呢?

从投资理财的角度来看，金饰品的功能和实用价值都大于投资的价值。究其原因就是金饰品的买入价和卖出价之间往往呈现出一种倒差价的状态，因为金饰品经过长期的佩戴和使用都会造成磨损，而使初次买入的价格往往大于以后卖出的价格。同时由于金首饰的价格与其所含黄金价值相差较大，而在一般情况下金饰品的投资收益在短时期内又往往难以实现，因此买卖黄金首饰从严格意义上来讲增值的空间不大，但是当通胀率居高不下时，购买黄金首饰也是一种不错的保值措施。

现在市场上有一些纪念黄金，由于添加了一些题材在里面，它的成交价格要高于材料的金价，因此波动的幅度性就会比较大。对于不是很内行的投资者，需要尽量规避一下这类纪念黄金。

而像金条、金砖这类的实物金不仅黄金重量非常标准，发售渠道也很统一，回购的渠道也是很方便的，回购费率也相对来说比较低。而且金条、金砖这类实物金剔除了一切可能导致产品价格波动的额外因素，你所投资的就是单纯的黄金这一贵金属，这块金条的价值就是黄金自身的价格。作为投资品种来讲，会更划算更纯粹。除此之外，对于家庭来说，投资黄金不用交税。所以说，把实物黄金作为投资的对象是投资者一个不错的选择。

当然了，作为实物黄金投资来讲，投资者还要注意它的每个品种的特性，然后根据自己的需求，选择最适合自己的实物黄金购买。

2. 纸黄金，交易是假，赚钱是真

纸黄金是指黄金的纸上交易，投资者的买卖交易记录只在个人预先开立的“黄金存折账户”上体现，而不涉及实物金的提取。赢利模式通过低买高卖的形式，获取差价利润。纸黄金的价格与国际金价挂钩，采取24小时不间断的交易模式。也就是说24小时都可以进行纸黄金的交易，方便我们随时操作。同时也为上班族工薪一族的理财提供了充沛的交易时间。我们可以白天上班，晚上利用纸黄金赚取外快。而且国内的晚上，正好对应着欧美的白天，那个时候基本上是黄金价格波动最大的时候，最容易获取赢利。

3. 黄金T+D，玩的就是你的心跳

从2009年年底开始，在上海黄金交易所存在的交易品种是可以通过商业银行代理上海黄金交易所开始办理AUT+D。什么是AUT+D呢？简单地说，AU就是黄金的英文缩写，T+D的意思是递延交割业务。T指的是今日，T+D是指可以延期交割，D可以指任意天数。比如，相对于交易当天，D是延期天数，延期两天就是T+2，延期三天就是T+3。

AUT+D是现货延期交易业务，是以保证金的方式来交易，有一个杠杆在其中，可以放大你的资金和交易量。现在保证金的倍数是10%，也就是说，投资10万元，可以进行金额为100万元的交易。

但需要提醒的是，如果你要投资黄金的话，一定要具备一定的金融知识，因为做杠杆交易是一项相当刺激的运动，所以说对身体或者心理的承受能力要求得比较高。此外，由于上海黄金易所有早市、下午、夜市三个市场。而且夜市的价格波动比较活跃，所以说要想做好黄金投资，可能避免不了要经常地熬夜。更为重要的是，AUT+D业务是有很大的杠杆在里面的，这意味着它的风险非常的大，所以一般投资者在入市前一定要仔细和谨慎。

总之，我们在买东西的时候经常会说“只选对的，不选贵的”，其实做投资也是如此。不能说哪个收益大就去投资哪个，而是要真正分析我们自身的需求、资产的构成和风险的大小来选择最适合自己的黄金投资方式。

从投资黄金，到纸黄金，再到 T+D 业务，它们的风险程度也是逐渐递增的，这些产品的风险要和投资者自身所具备的风险匹配才行。

## 投资纸黄金，轻松赚到真黄金

黄金价格通常与多数投资品种呈反向运行，在资产组合中加入适当比例的黄金，可以最大限度分散风险，有效抵御资产大幅缩水，甚至可令资产增值。

2008 年 1 月，李晓媛以 205 元 / 克的成交价，通过中国工商银行购入了 100 克的纸黄金，由于当时的金价偏低，因此，自购买以后，她一直都没有动过。但 2008 年的 3 月 17 日，国际金价上冲到了 1030.80 美元 / 盎司的历史最高价，其中，沪金 Au99.99 冲上了 234.30 元 / 克的巅峰。

当时，李晓媛并不知道那天是黄金价格最高峰，她只是在金价达到自己的心理价位 230 元 / 克时卖出，3 个月赚了 12% 的收益，投入的 20500 元资金，在两个月的时间就变成了 23000 元。尝到了投资纸黄金甜头的她，开始更加努力地学习相关知识，并特意每天抽出半个小时来更新资料，以及时把握当前金价的动向。她还参加了很多纸黄金群的讨论，吸取别人的理财经验和教训。

尽管看准黄金价格的走势，并非是件容易的事，但是李晓媛却在知识和技巧的帮助下，再次幸运地踩准了点。在观察金价两个多月的表现后，2008 年 6 月份，她以 192 元 / 克的价格再次买进了一批纸黄金，一个月后又以 218 元 / 克的价格卖出，这一次的投资收益超过 13%，2 万元的资金变成了 2.26 万。

就这样，李晓媛凭借自己的勤奋好学，在一年的时间内，将 10 万元在半年内变成了近 12 万元，年收益竟然达到了 20%！

众所周知，尽管不是每位纸黄金投资者的收益都能够领先于 CPI，但是只要投资者能坚持巩固自己的基本知识和风险意识，并拥有正确的投资理念，密切关注大盘的走势，那么，跑赢 CPI 也并非是什么遥不可及的目标。此外，我们常听说大盘波动越大，纸黄金的收益越高，殊不知，这种短线投资只适合那些操作技巧高的投资者，作为普通投资者而言，还是应该尽量选择长线的投资策略。

纸黄金的交易机制，是单向低价买进高价卖出的操作，缺少做空机制，因而投资者会损失一些投资与收益机会；纸黄金的交易点差较高，短线操作会让投资者产生很大的成本压力；纸黄金交易资金是全额交易，不是采用杠杆机制资金进行放大操作，虽然这样亏损较小，一般短期不会很快就爆仓出局，但是其亏损却是隐形。纸黄金的这些特点，决定了其操作的特殊性，因此，投资者从以下几点操作攻略，来操作纸黄金的投资：

投资者分批建仓与出货纸黄金，可以根据纸黄金过去的行情趋势与相对的支持及阻力的位置进行确定，虽然不少投资者都是初次步入金市，或者涉猎黄金投资还没有几年，但投资者应研究过去的走势和历史上的支持与阻力，这个参考是非常有价值的，如纸黄金下跌的底部在哪里可以买进建仓，牛市能持续多久到顶等，这些都是纸黄金投资者经常提出，并很想得到答案的问题。

纸黄金是单向操作、全额资金及没有放大的杠杆机制，若想以期金或现货保证金的快进快出短线或超短线操作，估计投资者很难得到点差，也就更别说从中获利了。因此，投资者要多做趋势行情的分析，即做好基本面的趋势分析，一年做三五次趋势分析，可以大大提高纸黄金投资的收益概率，通过传媒与专业的报纸媒体，常常能比较容易获取影响基本面的诸多因素。

许多投资者习惯了做股票满仓操作或者重仓操作，所以，在操作纸黄金时也习惯于使用这样的操作思维。殊不知，这是一个错误的做法，即便纸黄金是金额交易也不可以满仓操作，而应该进行分批建仓，这可以大大降低持仓的成本。同时，在行情下跌时还可以分批获利或止损，这能最大限度地降低投资风险与增加利益；而在行情走反时，满仓却始终都是一个价格，一损便会俱损。

## 理财规划经典案例分析

### 1. 闪闪金币，轻轻松松赚大钱

素来就具有文学气质的李玲，一直都对有着丰富文化内涵的货币非常感兴趣，于是，她决定加入集币爱好者的行列，通过对货币投资的多方比较，她觉得金币比较有保障，因为黄金永远不用担心有太大的风险。2000

年，李玲将积攒的8万元全部投入了金币市场，刚开始进入市场，她并没有以赚钱为主要目的，而是抱着一种学习的态度，购买自己欣赏的一些金币。

到了2001年，虽然全球经济普遍放慢，但黄金因其独特的保值作用而价格持续增长，尤其在美国发生“9·11事件”以后，国际金价甚至升到了2001年的高点。随着黄金的不断上涨，金币的价格自然也就跟着上去了。仅仅一年的时间，李玲手中那些金币的价值达到近10万，她没有预想到结果会这么好。

从那以后，李玲便坚定了金币理财的信心，通过一年来的市场摸索，她深刻认识到，在投资金币时，要尽量挑进做工精美、具有艺术收藏价值、有独特的文化内涵的金币。在众多金币品种中，彩金币是最好的选择，因为彩金币经过了更多的艺术创造，内化的加工工艺比较多，其价值应该相对会较高。

2003年，彩金币开始出现下跌的趋势，不少人纷纷抛售自己手中的彩金币。此时，李玲却反其道而行之，开始广泛收集具有升值潜质的彩金币。在一个偶然的机遇之下，李玲发现了一枚“贵妃醉酒”的彩金币，凭借她对中国文化的认知，觉得这枚金币具有无限的升值空间。于是，她开始大量收集这枚彩金币，终于在年底以10万元的价格，收集了10枚这种金币。

2007年，彩金币的价格突然反弹，李玲手中那枚“贵妃醉酒”的价格也随之直线飙升，已经升到了27000元一枚。此时，她抛售了手中的10枚“贵妃醉酒”彩金币，连本带利获得了27万元的收益！

不同品种的黄金理财工具，其风险、收益比是不同的。其中，金币不但具有黄金的保值作用，还具有一定的艺术价值。因此，其溢价幅度比一般黄金产品要高，增值的几率自然也相对会大很多。在投资金币收藏时，投资者应选择具有文化与纪念价值的金币，尤其是类似于文物或纪念品的金币，因为这些金币的升值潜力比普通金币要高。

此外，投资金币对于艺术的要求较高，投资者还应提升这方面的素养。

## 2. 选对产品，普通职员投资翻倍赚

林明智是银行里的一名普通职员，工作几年的他，手里积攒了一些资金，在周围朋友们的投资影响之下，他也想通过理财来实现财富增值。

2005 年，林明智在开车回家的路上，他从电台里听说中国银行要开办黄金业务，他觉得这是一个投资的好机会。因为在银行工作几年的他，对这些信息都非常敏感，他知道，但凡一些新投资项目的推出，都能够成就一夜暴富的梦想，为了第一时间抓住机遇，他立刻对黄金投资计划付诸了行动。

对于一个刚刚进入黄金市场的新手来说，选择一款适合自己的黄金产品，是摆在林明智面前的一道难题，通过对市场各方面的综合分析，他选择了纸黄金的投资。因为他认识到这种黄金内容的股票，具有流动性强、可以随时折现、没有保管与存储成本的优势，这样的短期投资非常适合自己，而实物黄金手续费高，而且还有折旧的风险，并不适合他进行投资。

黄金价格的跌跌涨涨，使得林明智的心情也随着起起落落，好在他以前学的、现在干的都是金融，所以，面对动荡的市场毫不畏惧，由于他在银行工作，通过网上银行来投资黄金很方便。于是，他不断追加自己的黄金投资，从最早的 5000 元小试身手，最后变成了 5 万元的奋力一搏。后来，中行和工行的黄金业务 24 小时交易，于是，他每天下班后，便利用晚上的时间来进行打理。

直到2006年年初，黄金市场开始变得异常火爆，每克黄金已经涨到了120元，去银行开户的投资者们排起了长队。接下来的金价持续一路飙升，在短短两三个月里就狂涨到了180多元，甚至在这一年的“五一”以后，还涨到了一个市场最高点，兴奋不已的他立刻抽身离开。此时，他投入的5万元资金，已经变成了8多万元的现金！

林明智之所以能够获得黄金投资的成功，其中最关键的一点，就是他选对了适合自己投资的产品。对于投资黄金的新手而言，如果只想为资产增加一定的安全性，可以选择黄金长期投资；若为了获取一定利润，并使自己的投资多元化，可以定位于黄金市场的中期投资，请投资者们谨记，无论是哪一种投资，选对产品才能收获利益。

除此之外，林明智的成功，还应该归功于对时机的把握，通常在低点买入，在高点卖出是获得高收益的不二法则。对于目前居高不下的黄金价格，投资者们就应当谨慎入市。

最后，便是林明智的特殊身份，他是一个金融专业的大学生，并且，还一直在银行这样的金融机构工作，这就使得他有多种渠道去了解黄金投资的专业知识，以及黄金投资的操作手法等。在市场投资之中，盛传着一句“不懂不投”的至理名言，投资黄金亦是一样。不了解的盲目投资，只会让自己的资金打水漂。因此，投资者们务必要在投资之前或者过程中学习相关知识！

### 3. 投资组合，安安稳稳获得收益

年过40的章建军上有老下有小，家里的开销非常大，看着朋友们在黄金市场的收益不错，他也想投资黄金，却又承受不起市场的风险，一时之间，不知该如何投资才好。思前想后，他决定还是交给专业的黄金操盘

手打理为好。通过咨询，章建军找到了相关专家，专家给初入门的他好好上了一堂课。

专家告诉章建军，投资黄金有很多种途径，既可以全部投资纸黄金，又可以做一下黄金期权，还可以做组合投资。与此同时，专家也通过一系列的实例，给了他一些操作上的指导，让这10万元有更大的收益，专家为他提高了两种投资方案，第一种是单一的进行纸黄金交易，在网上、在柜台都可以实现交易，这种投资只需投入了10万元人民币，买入625克纸黄金，价格为每克160元。

专家提供的第二种选择，是可以将纸黄金和黄金期权进行组合投资，即用9.8万元买入612克的纸黄金，价格为160元/克，如果黄金价格下跌，则买入的黄金被套，风险比较大。于是，在买入同时做一笔看跌期权，其所花费的期权费只需要2000元，行权期是一个月，价格是155元/克的看跌期权。

专家假设一个月以后，黄金价格到达了165元/克，随后，便开始为章建军分析作单一投资与组合投资的获利和风险比较。首先，专家分析了单一投资中章建军抛出纸黄金后，625克可以获得利润3125元，一个月赚3125元，10万块钱的投资，月收益率为3.1%。

在组合投资中，章建军同样抛出纸黄金，获利3060元，他购买的是看跌期权，只有行情低于155元/克才能获利，如果执行肯定蒙受损失。所以，他必须选择不执行，届时他将会损失2000元的期权费，3060元减去2000元的期权费，他的盈利为1060元，月收益率1.06%。很显然，黄金上涨，纸黄金做买入，之后做一笔看跌期权来锁定风险，盈利比直接投资纸黄金收益小。

由于国际局势影响，假设一个月之后，黄金的价格出现下跌，并一举跌到155元/克左右。此时，章建军的单一投资中，买入的纸黄金全部被套，浮动亏损为3125元，而在他的组合投资中，买入的纸黄金被套，浮动亏损3060元，但是看跌期权获利，它可以执行，看跌期权他花费了2000元，假设期权费是1%，其盈利为6250元，6250－2000－3060＝1190元，如此一来整体还能盈利。

专家继续假设行情到了155元／克时，又继续下跌，章建军所投资的625克黄金继续被深套，其浮动亏损为6250元，如果采用组合投资，行情下跌到155元／克，纸黄金投资亏损6120元，看跌期权就必须执行，因为看跌期权只用了2000块钱，所以还可以获利12500元，12500－2000－6120＝4380元。其实专家如此举例，只想让章建军明白金价越下跌，组合投资能有效抵御风险。

通过专家的指导，章建军从容地将10万元投入到了黄金投资的组合中，无论是金价上涨，还是降低，他都能安安稳稳的获得相应收益！

对于投资者来说，在进入市场之前，树立一种风险意识至关重要，先思而后行应该贯穿于我们的整个投资过程，惟有如此，才能规避市场的风险。此外，还有很多投资者都习惯于将资金全部投入一种理财产品，如全部买入实物黄金、纸黄金、黄金期权、黄金股票、黄金基金等，很少有人会进行组合投资，尤其是刚刚进入黄金市场的新人。此时，理财专家便应该是我们的首选，既然自己什么都不懂，不如索性就交给懂的人去打理，以免自己的资金打了水漂！

# 第八辑
# 存钱不如存点艺术品，多点品位少点铜臭味

随着人们的生活越过越好，民间收藏人士现已遍布社会的各个阶层，收藏品更是包罗万象。将自己收藏的珍品卖出去，赚的钱再去买其他贵重的东西，这样既赚钱又得到了好东西，正可谓是一举两得。

## 收藏不仅是因为爱好，也是赚钱的行当

收藏对某些人来说完全是一时的兴趣所致，喜欢某样东西便收藏，但对另外一些人来说，就是一项赚钱的行当了，“以藏养藏”这种说法已经是屡见不鲜了。

藏品投资是一个投资人必须耐得住性子的投资。世界公认的艺术藏品获利周期是 7 ~ 10 年转手获利，毫无疑问藏品投资是一种长远的投资项目。此外根据中国艺术品收藏刚刚起步和人们对艺术品的实际投资的情况及远景发展并不是特别的了解，如能抓准时机也能出现投资时间很短就有收益的情况。

收藏经济在中国发展得很快，最初是一些公司或有资本的人收藏销售

藏品，到现在是很多敢于冒险的收藏人或小商人凭着自己对藏品的了解和对商机的把握，逐步开拓了属于自己的藏品市场。

现在的收藏门类千奇百怪，无所不有。过去都是以花瓶、玉器、字画、珠宝等为主的收藏已经不能概括如今的收藏种类了。如今的收藏大到汽车，小到纽扣，民间收藏的内容也是越来越丰富。而在如今收藏已不再局限于“老、旧、古”这些了，现在的藏品也越来越新奇，物品只要能代表某个有重大意义的事件就有收藏价值，就会有人收藏。例如，“神州六号”刚刚成功着陆的时候，一系列有关“神六”的邮票和纪念币、海报纷纷就出台，很多人就不惜一掷千金，因为它在中国的历史甚至在世界历史都会永远留名，跟它有关的东西也相应具有了很高的价值。与之相对应的是，第二次世界大战时期士兵使用的 Zipp 牌打火机就是一个经典版本。

现在时尚品的收藏也如火如荼。时尚已经成为现代年轻人的生活主题，时尚品的收藏者的队伍也在不断地扩大，收藏的种类也日趋丰富，如可乐瓶的收藏、车模与航模收藏、明星二手用品的收藏、打火机的收藏、葡萄酒的收藏、卡通物品的收藏等一些东西。这些收藏品都有一个共同点，都是某个时期时尚流行的焦点。大多数当红明星穿过的衣物和用过的物品都被专人收藏起来并且开店售卖。

另外，传统收藏品也有一定的突破。连环画、旧海报、旧报纸也赢得了一份属于自己的收藏空间。一套 20 世纪 50 年代出版的连环画《三国演义》，原主人当时就以几毛钱的价格买进，转眼几十年过去了，这套连环画现在就能卖到上百元。这就是传统收藏品的魅力所在。虽然它的价值比名人字画、古董等藏品小，但是它的升值空间还是很大的。

酒类收藏在国外以葡萄酒收藏为主。葡萄酒过去是代表贵族身份的酒品，而葡萄酒的收藏在国外早已是收藏市场中的重要组成部分。因为酿制一瓶好的葡萄酒需要很多的工序和时间，所以不少国外著名的收藏家都以能收藏几瓶年代悠久的葡萄酒为荣。而珍藏纪念酒更是备受关注，因为它们的价格极其昂贵，收藏价值也是非常高的。在国内，有的收藏家也想方设法地收藏葡萄酒，但因为地域和认识的问题，最后往往是事倍功半。中国有着几千年的白酒酿造历史和悠久的酒文化，随着人们生活水平的不断提高，越来越多的人也开始注意到白酒同样也有很大的收藏价值，所以慢慢地加入到白酒的收藏行列中来。

电影海报最初在中国也只是民间收藏，是从来登不上大雅之堂的。这些海报大多数都是用来贴墙的，就是图个好看而已。而如今，电影事业在中国发展得有声有色，大家开始回顾中国电影百年发展史。老影片、旧海报自然也成为了回顾的重点，因为他们代表着电影在不同时期的发展状态。

电影海报一般是用来介绍电影剧情的，包括内容介绍、影像和演员图片等一些内容，还有些是非剧情海报，这类海报的价值通常要高于介绍剧情的海报。电影海报的价值受年代、储存量多少、制作设计优劣、是否得奖等影响。一般来说，记载了重大历史事件的影片，它的海报收藏价值是非常高的。

另外，获得过国际知名大赛奖项的影片海报也是值得收藏的。美国奥斯卡金像奖、意大利威尼斯国际电影节金狮奖、法国戛纳电影节金棕榈奖、德国西柏林国际电影节金熊奖以及中国的“百花奖”和“金鸡奖”都是国际国内的大赛事，获得过这些大赛奖项的影片必定会经过海报宣传，所以这些电影海报收藏的价值会更高。

## 收藏投资须谨慎，稍有不慎会满盘皆输

近年来，随着人们经济收入的逐年提高，各种收藏热也在各地兴起。可是，收藏市场也是千变万化的，收藏者倘若稍有不慎，就可能落到满盘皆输的地步。所以，想要加入收藏行列的投资者也需要有一定的风险意识。

### 1. 保管不当会“跌价”

很多的收藏品都是实物，在保管的过程中，由于受到气候或人为因素的影响，难免会受到一些磨损。对于一件珍贵的收藏品来说，磨损的过程就是价值削减的过程。可见，对于收藏品收藏时要谨防收藏品破损、粘染、污渍、受潮、发霉、生锈等，否则它可能会价值大跌，甚至可能会变得一文不值。此外，在鉴赏、摆放、运输的过程中需要格外的小心。本来藏品可以卖个好价钱，却因保管不善破坏了品相影响了价格，是一个收藏者最懊恼的事。

### 2. 收藏投资变现性差

与其他投资对象相比，收藏品的变现性是最差的。相对于一般的投资对象，收藏品市场的参与者少，而且对参与者的专业知识、鉴赏能力要求很高，并且还深受人们偏好的影响。当收藏者急需现金时，其很可能不能以合理的价格出售收藏品，有时甚至找不到买家。收藏品一般要通过画廊、古玩店、博览会、拍卖会和私下交易变现，这其中只有拍卖会属于比

较活跃、正规、大型的渠道。但进入拍卖会的收藏品都需要一定的档次。这样一来，一旦当收藏者出现现金危机时，大多数的收藏品很难完全按照其预期价格进行变现。

### 3. 收益高低难以控制

通常来说，投资收藏的风险比投资证券的风险高，而作为补偿，投资收藏的回报一般也是比较高的。但在一定的时期内，收藏品的价格一般是比较稳定的。它的收益是随着人民生活水平的提高而逐渐提高的。因此，收藏者不能抱着暴富的心态而从事收藏。有些持有很长时间的收藏品可以卖出天价，但在买入价与卖出价的巨大反差面前，人们往往忽视了其中的机会成本。何况，许多时候投资收藏还会出现收益为负值的情况。

### 4. 收藏品中假货较多

或许是因为投资收藏品是一种获得高利润的投资方式，因此在近几年的收藏市场上，假冒伪劣的藏品是异常的猖獗，尤其是那些售价较高的藏品，更容易出现假货。收藏界把不慎收藏了假货的现象称为“吃水”。对于那些刚刚介入收藏的新手来说“呛几口水”是在所难免的，即便是经验丰富的老手甚至是著名的收藏家也会有看走眼的时候。因此，对于任何投资收藏者来说，在收藏时，一定要格外小心。如果有条件的话，最好请收藏专家帮助鉴别。

艺术品在投资中的风险如真伪判断等不一而足，但“跟风买进”已经成为威胁投资者们的最大风险。拍卖公司逐利为先，本在情理之中，不应指望拍卖公司对当代艺术的发展起到什么历史定位和引导作用，那是画廊和美术馆、博物馆的事情。问题在于拍卖公司对商业前景看好的艺术家的“追捧”，直接导致了一些初入市的艺术品投资者的“跟风”。然而在拍卖公司那里，你买到的只能是已经十分成熟的流行的艺术品。更重要的是，你不具有前瞻性的艺术眼光，也就不能掌握艺术品升值的主动权，在高价购入那些高档的时尚产品的时候，也同时购入了更高的投资风险。

## 投资收藏要掌握操作要点及原则

在收藏的市场上，一般会把行情划分为牛市、熊市和牛皮市这三种行情。牛市和熊市与股票市场有一定的相似度，牛皮市则是指收藏品的价格没有大的波动，只有小的起伏介于中间的市场状况。因此，说到收藏投资操作策略，需要按照市场的具体情况而论。

### 1. 处于牛市状况时的操作策略

在收藏品市场行情对投资收藏者十分有利收藏者的资金相对充裕的情况下，投资收藏者就应该采取利上加利的这个策略，大举入市，获得更大的收益。

如果有一件藏品，收藏者如果预期这种收藏品会继续上涨的话，就可以适当地买入某种收藏品，当这种收藏品的价格上涨时，收藏投资者可以在合适的时间将收藏品卖出。不过，如果你仍然预期这种收藏品会再继续上涨的话，你还可以继续买入这种收藏品。当这种收藏品的价格依然在持续上涨时，收藏者既可以继续买入这种藏品，或者也可以相继地出货，这就是利上加利的策略。这种操作技巧，虽然不一定保证买入的所有收藏品都能够获利，但是只要适时地平仓出局，那么投资收藏者仍然可以获利不少。当然，利上加利这种投资方法需要投资收藏者准备充足的备用资金，以便随时出击。利上加利法的关键是在于把握好出货的时机，只要不做过头，那就是赚多赚少的问题。

### 2. 处于熊市时的操作技巧

（1）舍小求大。如果收藏者预期的行情将上涨，于是就买入了某种收藏品。

但是，市场行情却反向下跌了，而且，似乎还有一跌再跌的趋势。此时，收藏者就应该在损失还不是太大的时候先行将收藏品一一卖出。这样一来，在这种收藏品继续下跌的过程中，再伺机买入，从而挽回过去的损失。这就是舍小求大法。

（2）积极求和法。当收藏者预期某种收藏品的市场行情会上涨时，就可以买入这种收藏品。但是，如果市场行情不像我们想的那样顺利而是出人意料地反向下跌了，收藏者该如何做出决策呢？如果收藏者预期的市场行情依旧是反弹的状态，那么，为了挽回局势，你就应该下定决心。在市场行情一跌再跌的情形时，不断地买入这种收藏品，分担自己的总投资成本。在收藏者处于不利的情况下，如果采取消极的方式草草收兵，就会造成或多或少的一些经济损失。但是，如果将积极求和法运用得当的话，那么，收藏者不但可以部分甚至全部地挽回损失，有时候甚至还可以获利不少呢。

从某种角度来看，舍小求大法与积极求和法，似乎还有几分相似之处。不过，二者的主要区别在于，积极求和法是需要不断地注入新的资金，而舍小求大法则无须不断地投入新的资金。舍小求大法的目的，主要就是降低收藏投资的成本。

### 3. 处于牛皮市时的操作技巧

在行情平稳且未见到任何能够使收藏市场大起大落的因素，即使出现在牛皮市时，运用积少成多法是最为合适的。每逢行情上涨就卖，行情下跌就买。这种方法在表面上看来似乎有悖于一般的原理，而且有几分类似于“投机”似的行为。尽管每次所获收益不大，然而，如果反复多次，总的收益还是相当可观的。所以，将这种方法称为积少成多法。

在处于牛皮市时，最重要的是要学会等待，以期捕获市场大的走向，有时会获得意想不到的机会。当市场逐渐走强时，特别是呈现向上突破的走势时，我们应该保持冷静和谨慎，当市场出现短时期下跌时，我们同时也应当注意捕捉最佳的时机。

## 了解收藏行业风险，你才能赚自己的钱

收藏市场是千变万化的，收藏者稍有不慎，就可能遭到财产的损失。因此，加入收藏行列也是需要一定的风险意识，要全面了解收藏行业的风险，才能有效地进行规避。

收藏对于普通人的生活而言，无疑就是一种奢侈的事情，尤其是你将此作为投资手段的时候，这个变幻莫测的市场也许和真假难辨的藏品一样让你头疼不已。在华尔街有这样一句名言："行情总是在绝望中诞生，在半信半疑中成长，在憧憬中成熟，在希望中毁灭。"有人说，在今天的收藏市场中，加上一个零或者去掉一个零都是一件十分容易的事情，如何让你的藏品避免一夜之间被去掉一个零，成了现在数千万藏家都需要做的功课。那么，具体来说投资收藏都应该规避哪些风险呢?

**1. 规避价格风险**

各种收藏品的价格不像股票的行情那样你一看就能够一目了然，收藏品的价格实际上因买入时机、卖出时机、买入地点、卖出地点，以及买卖双方的不同而不同。这些因素直接或者间接地影响到收藏品的买入价

格与卖出价格的高低，而买入价格与卖出价格又直接影响收藏品收益率的高低。经常有拾荒人在乡下就以几十元的价格买入一件物品，到城里的地摊交易市场卖几百元，到了懂行的专家手上，价格可以卖到数万元甚至上百万元。因此，作为一个收藏者，既要掌握全国各地收藏市场的行情，又需要积累有关收藏的一些经验。

**2. 规避品相风险**

收藏品的品相如同人的相貌一样，在市场的交易中，绝大多数的收藏者都倾向于买尽善尽美、世间少有的收藏品。往往品相好的收藏品可以卖出很高的价钱，而品相差的收藏品价格就会卖得较低。因此，一定要注意收藏品的品相好坏，以规避品相风险。从收藏投资的角度来看，对于供给弹性较大的收藏品而言，一定要非常注意品相的问题。因为当收藏者想转让收藏品的时候，买方的选择余地是有很大的空间的。但是对于供给弹性小的收藏品来说，品相问题就显得相对次要一些，不过，如果投资收藏者在购买的时候，以此作为讨价还价的筹码，用适当的价格购入的话，可以在很大程度上规避因为收藏品的品相问题而带来的风险。

**3. 规避买卖风险**

买卖风险主要是指艺术品的流通性很差，艺术品有时并不等于金钱。从市场上看，相当一部分收藏者购买艺术品是为了保值增值。然而，许多收藏者在手头紧或缺钱时想抛售自己收藏的艺术品时一般是很难如愿以偿的。经常会出现高价进、低价出的这种现象，有时候损失的程度会惨不忍睹。在藏品行情好的时候，收藏品可以带来丰厚的利润。遇到收藏市场上行情低迷时，也会造成资金的积压，变现困难。收藏品的变现，并不像那些可以进行标准化交易的投资品种那样容易。一些收藏品经常遇到这样的情况；当收藏品市场火爆的时候，即使是三五十万元都有人抢，而当市场萧条的时候，连三五万元也会没人理会。

4. 规避藏品风险

防范藏品风险是投资收藏品中最主要也是最重要的一条。无论是在拍卖市场还是在收藏市场，赝品的陷阱比比皆是。当你踏入这个市场后，如果稍有不慎就有可能跌入这个危险的陷阱，难以自拔。因此，当你进入收藏市场时一定要谨慎操作。对于投资收藏者自己熟悉的，把握大的收藏品，应该冷静分析，明察秋毫。对于投资收藏者自己拿不准的、把握小的收藏品，越是珍稀品种，越要格外小心，最好是请信得过的专家帮助自己鉴别真伪。如果需要当机立断做出购买决定，没有回旋的余地的话，也应该以尽可能低的价格购买真伪尚不明确的收藏品。

5. 规避收藏禁忌风险

在收藏界有很多忌讳，譬如大家对魂瓶、祭器，还有痰盂、夜壶等器物都不是很喜欢，虽然这类器物有些制作得相当精美，但也不乏一部分是精品。但是这类器物在价格上就是上不去，这类器物和一些文房用具相比较价格就要低得多了。

6. 规避藏家兴趣改变的风险

收藏品的价格和炒作是密不可分的，当市场上某类器物的需求量增大时，价格自然也就上去了，所以一些大的藏家或大的收藏组织就会影响某类器物的价格。譬如，现在越窑的瓷器价格就非常高，以后或许会有人炒作汝窑的瓷器。所以作为藏家，特别是中小藏家一定要收集和分析各种信息，尽快跟上市场形势的各种变化。

7. 规避保管风险

由于受气候和一些人为因素的影响，各种收藏品都会面临保管风险。一些收藏品不仅不能受潮，也不能受热，尤其是像邮票、纸币、字画等还要防折、虫蛀和各种化学品的腐蚀。所以，对自己的收藏品一定要经常查看。否则，到时候藏品的品相受到污损，甚至会变得一文不值。

投资收藏者在保管过程中，着重要注意的是：温度和湿度的控制，有害气体和灰尘的污染，霉菌和虫蛀的侵蚀，进行防霉、杀菌消毒处理；光线照射等对收藏品的影响。投资收藏者应针对自己的收藏品和客观条件采取必要的措施，尽可能地保管好自己的收藏品。

8. 规避政策性风险

许多珍贵的收藏品同时也是国家珍贵的文物。国家法律明文规定的不能炒卖的收藏品一定不要买来收藏，一旦违法，就会受到国家法律的制裁。

## 理财规划经典案例分析

### 1. 钱币投资，让“私房钱”变“小金库”

赵勇是一位收藏钱币爱好者，人到中年的他，觉得将钱放在银行里收益不多，考虑到孩子要接受好的教育、自己和妻子的健康问题等，都需要充足的资金，光吃银行的利息是应付不了的。因此，他准备从存款中拿出一部分去投资，而自己又喜欢收藏钱币，不妨就投资钱币，自己熟悉的领域把握大些。

其实，在还没有进入钱币市场几年的时间中，赵勇对于“齐刀币”情有独钟，这种钱币在价格上比其他钱币稍高一点，但是其潜力却不可估量。2005 年，赵勇在看到了“齐刀币”未来升值潜力的情况下，将手中 5000 元的闲钱，都购买了五字“齐刀币”。并且，在接下来的四年时间里，他还分别用 6000 元、80000 元与 11000 元的闲钱，先后购买了 40 枚类似的“齐刀币”。

2009年中旬，赵勇的儿子考取了一家澳大利亚的大学，就在他即将赴澳留学的时候，家里却一时间拿不出这笔支出，可是又不能不让他去，全家人都为儿子的学费发愁起来。这时，赵勇想到了自己手上持有的钱币，他决定将五字“齐刀币”全部抛出，无论能筹到多少钱，都可以暂时抵挡一下。

谁知，结果却大大出乎了他的意料，这些钱币总共卖了40万元，在短短5年的时间内，其价值整整翻了10番左右，钱币投资的收获，不但可以解决儿子的留学问题，还让他原本只有3万元的闲钱，变成了家庭备用金的“小金库”！

钱币收藏相对于其他理财产品而言，所需要的升值时间较长。因此，它只适合做长线投资，不适宜做短线投资，这就需要投资者将长期不用的资金用来投资。否则，一旦我们需要应急资金，将钱币变现，这种投资就会血本无归。

其次，投资者还要选择具有升值潜力的钱币进行收藏，如具有历史意义、具有纪念价值、具有艺术气息的钱币，就是我们收藏的首选。并且，对于收藏钱币的成本，投资者也应当严格控制。毕竟收藏这种理财工具的未来，有着太多的不确定因素，惟有降低自己的投资成本，才能尽量减少未来的损失。

## 2. 邮票，胜过股票的增值之选

从2000年开始，沈善舞就踏上了收藏邮票的道路，刚开始收藏邮票，原本只是兴趣使然，最后，他发现邮票中竟然蕴藏着巨大的升值潜力，因此，他将自己的定位提高了，专门收藏那些有升值空间的邮票。起初，沈善舞以为自己对邮票方面的知识略知一二，但真正进入了投资者的行列以后，他才发觉自己懂得那点皮毛，是完全应付不了的。

沈善舞在邮票市场逛了几个月后便出手了。他在一家邮票商铺里，发现了一枚惊人的邮票——大龙邮票，这可是许多收藏邮票者梦寐以求的珍品，他按耐不住心中的激动之情，想立刻就得到这枚邮票，但店主告诉他，这一枚邮票要2000元，店主还说，这样的邮票太稀少了，很多人都想得到它。

沈善舞觉得有点贵，便跟店主开始了讨价还价。最后，在他的软磨硬泡之下，终于将价格定在了1200元。他心想，第一次收藏邮票就遇到了好东西，而且还这么顺利，以后肯定能收藏到更多的珍品，到时候再卖出去，不就可以大赚一笔了吗？幸好，沈善舞在兴奋之余，还是有点理智的，买下这枚邮票以后，他就把邮票拿去专家机构进行了鉴定，谁知结果竟然是一枚赝品。

沈善舞顿时傻了眼，怒气冲冲地去找那家店主，但店主却死不认账，还挖苦他道："有这样的珍品邮票，我还开店做什么！"沈善舞只好吃了这哑巴亏。经过这一次的教训，沈善舞才知道自己对于邮票的认识不够深，要想在收藏这条路上继续走下去，还必须多学习相关的专业知识。

沈善舞在随后的几年里，不断地学习和进步。同时，也收藏到一些优质的邮票，直到2002年，生肖邮票逐渐呈现出上升的势头。这时，他也开始留意起市场中的生肖邮票来，为了实现自己的财富增值梦，他购买了很多集邮方面的书籍，进行全方位的学习。通过反复的摸索与钻研，沈善舞终于在集邮投资的领域，走出一条自己的道路，并积累了一定的经验。

2004年1月5日，"甲申年"（猴）邮票开始发行，在摸清了市场行情以后，沈善舞将手中1万元的现金，全部购买了"甲申年"（猴）邮资片，数量为10包（每包为500枚），他当时的判断是，这种邮票价格偏低，风险相对也比较小，而发行量小，今后升值的潜力也很大。此后，沈善舞每天必做的一件事情，就是随时了解该邮票的价格变化，就在2004年3月的下旬，他将手中“甲申年”（猴）邮票以每枚30～40元的价格全卖掉，获利超过了18万元！

对于邮票的投资功能，不少人都戏称它为“平民百姓的股票”，这一类投资具有自己独特的优势，如所需资金多少不限，买卖操作简单，以及获利相对稳妥等，这些都使得它成为了个人投资的首选！但在投资邮票的之前，一定要学会一些相关的专业知识，因为收藏邮票对于投资者的专业知识要求较高，对此，我们应学会怎样辨别真假邮票、如何选择具有潜力的邮票等。

辨别真假邮票需要积累丰富的经验，这方面投资者可以翻阅相关书籍，或者听一些有关邮票收藏的知识讲座，亦可以在实战经历中去蜗行摸索，但前提是必须投资一些较便宜的邮票；而具有升值潜力的邮票，一般都是特殊题材、名著名画题材、生肖题材、体育题材等，或者是市场目前存货量较少的邮票。

## 3. 玉石翡翠，高收入家庭的不二之选

董于吉是一家股份制公司的总裁，每年的税后收入为108万元，妻子是某大学的艺术教师，每年的税后收入5万元。夫妻俩对艺术品都很感兴趣，只不过妻子喜欢翡翠，而他自己则偏爱玉石。因此，他们决定把闲置的资金投入到艺术品中，而投资的对象就是玉石和翡翠。

在投资之前，董于吉与妻子已经开始学习相关的专业知识了，他们对于玉石和翡翠的种类、品种、价格等，都基本已经掌握了。下一步，他们打算去学习基本的鉴别手段，因为这是投资玉石、翡翠最重要的一

个环节。经过长时间的准备以后，做足功课的夫妻俩便进入了艺术品市场。

当时，很多投资者都在投资翡翠的原石，因为这种投资所需的资金不多，一旦遇上一块优质原石，只需将原石切开就能赚上好几倍。对于这种赌石的做法，他并不感兴趣，他认为这种投资没有保证，还是寻找一件成熟的作品更踏实，即使价格高点，只要是真品，而且工艺和品种都好，那升值潜力将巨大。

2008 年，董于吉夫妻俩又来到了市场，他们在一家风格别致的店面里，分别看中了一款翡翠项链和一尊出自名家的玉石雕刻品，总价在 100 万元左右。由于资金庞大，他一时拿不准这两件东西的真假，便找来熟识的专家来鉴别，专家一看就说是好东西，于是，他立刻买下了这两件藏品。

2011 年，随着玉石与翡翠市场的快速发展，董于吉手中的两件藏品，已经涨了好几倍，他卖掉了自己手中那件出自名家的玉石艺术品，获得了 150 万元的现金，他用这笔钱购买了一处房产，随着翡翠市场的持续升温，他相信，过不了多久，一套别墅就又可以出来了！

玉石和翡翠投资，是目前投资较热的高回报理财产品，这两种投资的门槛都较高，需要较为雄厚的资金，动辄几十万、几百万的价格，一般人是承受不起的，而且，这类投资还面临着一个重要的难题，那就是假货随处可见。对此，当遇到自己不能分辨真假的翡翠时，不要急于出手，而是在有专家级别的友人陪同下购买，毕竟买到假货的损失太大了。

在投资玉石翡翠之前，投资者就应当开始学习鉴别的技巧。要知道，玉石翡翠的投资，并不是一件很简单的事情，其中，最大的难点就是辨别真伪，我们要找到真正值得投资的好玉石、好翡翠。由于玉石翡翠具有十分繁多的种类和形式，并有大量的伪作，因此，我们一定要多读有关资料，掌握相关的知识。

在现实生活中，大多数的投资者，都喜欢买原石进行投资，虽然这样在资金投入上较少，但风险却过大。而且，一旦赌石失败的话，也是一笔不小的损失，毕竟将投资当成赌博来看待，那我们的投资就变味了。同时，也违背投资的初衷。对此，投资者不妨选择价格高、但升值潜力大的成熟作品。

## 4. 发古典家具财，一定要选对藏品

中国改革开放后的上世纪80年代初，明清家具逐渐在内地形成了收藏热潮，当年还是年轻小伙子的朱庆国，也顺势搭上了这趟投资的列车。

1985年，古典家具的市场行情，发生了日新月异的变化，并一直呈上升趋势，身在其中的朱庆国亦是收益颇丰，在刚开始踏入这个市场时，他完全就是一个门外汉，但他明白工艺精湛、款式精美的明清家具，今后势必能够升值。于是，他在上世纪80年代时，以800元的价格购买了一对清代红木太师椅，到了上世纪90年代，这对太师椅的价格就达到了8000元。

这一次收益颇丰的朱庆国，从此便一头扎进了明清家具的投资市场。

紧接着，朱庆国用手中的资金，以5000元左右的价格，大手笔买下了一对明式黄花梨的官帽椅。几年以后，他又以800元的市价，购买了一件清晚期的六角老红木橱柜。这两件藏品都是他精挑细选才出手的，购买官帽椅是因为他发现了黄花梨木材价格的直线上涨，而购买红木玻璃柜亦是相同的原因。

2010年年初，已经年近50的朱庆国，以50万的底价与20万元的底价，分别将自己手中的明式官帽椅和晚晴的六角老红木玻璃橱转手出售。

让他倍感欣喜的是，明式官帽椅的成交价竟然达到了 60 多万元，那件晚晴的六角老红木橱柜，也以 35 万的惊人价格成交了。

从这个案例中我们不难看出，朱庆国获得投资成功的关键，在于他选对了收藏的品种，因为古典家具一般是指明至民国时期制作的家具，其精华部分就在明、清两代，尤其以明代家具更为出类拔萃。而能纳入艺术品市场的古典家具，则主要是指那些珍贵硬质木材的家具，如黄花梨、紫檀、铁力木、红木等，朱庆国所选择的收藏品，不是黄花梨就是红木，这完全符合古典家具的这一原则。

除此之外，朱庆国还注重了古典家具的工艺。在古典家具的市场中，明清家具之所以受到大家追捧的原因，就在于其工艺与艺术价值的不可超越，再加上这类藏品能保存至今的都在少数，保存完好的那就更是少之又少了，为了获得如此有艺术价值的收藏品，许多藏家都不惜代价去争夺。于是，便造成了众人争抢一小部分藏品的现象，其价格自然也就会不断上升了。

最后，聪明的朱庆国还注意到了一个细节，那就是古典家具原材料的大幅度上涨，这亦是决定我们投资收益的关键。目前，红木新料价格的迅速上涨令人士咋舌，如海南黄花梨的木材价，已经由每吨 10 万元上涨到了 20 万元以上。这些看似无关紧要的信息，却是投资者实现财富增值不可忽视的重要细节！

## 5. 出售有妙招，艺术品小拍收益多

年近 50 的张东华工作了大半辈子，还有几年就要退休了，手里积累了不少闲钱的他，在一次偶然的机会之下，他从朋友那里了解到，近几年投资艺术品的升值潜力很大，所以，他摸索着走进了收藏这扇门，并

跟随朋友去了几次艺术品拍卖现场。渐渐地，他发现在小拍里也有好东西，而且价钱也是自己可以承受的，这使他动了通过小拍实现财富增值的念头。

通过长时间的观察，张东华将自己投资的目标，锁定在了面值壹元的民国三年“袁大头”上。他在拍卖图录之中看见过它数次，当时的市场价为 60 多元一枚，而拍卖的成交价，往往都在 700 元至 1500 元之间。紧接着，他在邮币卡市场讨价还价以后，终于以 90 元的价格，买入了 1 枚“袁大头”。

几个月后，张东华抱着试一试的想法，将这枚钱币送到了拍卖公司，并要求底价为 150 元，但出乎意料的是，该拍品经过竞价，竟以 1000 元成交，在支付了佣金和保险费等相关费用后，他净赚了 800 元。这一利润几乎是成本价的 9 倍，朋友告诉他若通过地摊市场买进卖出，绝不可能得到这样一个好价钱。

从小拍中尝到甜头的张东华，开始在“袁大头”上做起来了文章，他将手中一部分的资金投了进去，购买了整整 100 枚的“袁大头”，望着一路看涨的艺术品市场行情，他准备将藏品先捂一段时间，等到了合适的价格再出手。随着大量的资金涌入市场，“袁大头”的疯涨几乎势不可挡。

当“袁大头”的市场价格涨到了 800 元时，张东华觉得是时候出手了。于是，便把手里的藏品拿到了小拍中拍卖，底价是每一枚 800 元，但最后的成交价却在 2000 元左右，时间不长他就收获了 10 多万元的利润！

小型拍卖市场具有自身的独特优势：首先，它具有起价低、拍价高的特点；其次，小拍的收费也相对较低，其是价值在 100 元以上的物品，只需双方商定底价并签一个委托拍卖协议即可，而拍卖公司收取的佣金，是成交价的10%左右，另加1%的保险金。即一件500元成交的物品，扣去佣金和保险金，委托人可以拿到445元，而对小拍中未拍出的物品，通常不会收取任何费用。

虽然小型拍卖公司的收费、起拍价较低，但它拍卖的优质收藏品，却不会受到太大的影响，我们二度出手卖出的成交价，依然会跟收藏市场接轨。并且，小拍虽然规模小，但它经营的品种同样齐全，如书画、瓷器、书刊、邮品、钱币……各类收藏品可谓无所不包，尽管拍品质量参差不齐，但是其中却不乏具有实力的买家，这也能使收藏者为自己的产品寻找下一个买主。

此外，对于艺术品的投资，我们常常会听见“低进高出”这一说，于是，不少人都喜欢在市场价格持续走高时，紧紧捂住自己手里的收藏品，等待价格的至高点出现。殊不知，这样的几率非常小，往往高点跟地点就在一瞬之间，懂得及时出手的投资者，才能够获得更好的收藏利润！

## 6. 耐心与勤奋，捡出千倍收益的“漏”

刚参加工作不久的曹文中，手里的积蓄不是很多，因此，他想到通过理财投资，来增加自己的财富。经过调查，他发现古玩的潜力非常大，而且，那时候艺术品投资的门槛还不是很高，不需要大量的资金做后盾，这些都符合自己的投资理念，于是，他决定将投资锁定在古玩投资上。

从那以后，逛古玩城就变成了曹文中的必修课，他觉得地摊很难“捡漏”，所以开始时他只是以看为主，并不急于下手购买。经过多次的观察以后，他终于被那些精美的藏品深深吸引住了，便决定开始自己的艺术品投资之路。曹文中的第一次收藏交了学费，他购买了一件清康熙的碗与两个碟子。当时，卖家开价500元，他砍到240元成交，本以为可以小赚一笔，结果碗碟只值30元。

第一次的失败，并没有浇灭曹文中对艺术品投资的热情，相反，通过第一次失败的经验，让他深刻认识到自己的眼力不够，需要多学习才能获得进步。因此，在以后的艺术品投资过程中，曹文中都是在不断的摸索、调查、请教专家，随着时间的推移，他终于练就了“慧眼识金”的能力。曹文中凭借着耐心与勤奋，终于迎来了最成功的一笔投资——一件宣德年间的官窑碗。

当时，曹文中去外地出差，闲来无事便又去了当地的古玩城，并在一家不起眼的古玩店里，偶然看见了一件精美的小碗，不曾想，这个小碗竟是宣德年间的官窑瓷器。当时，卖家开价4000元，曹文中觉得这种碗市面上很稀少，前十几位买家看过都断定是仿品，通过仔细观察，他发现这是苏麻离青花钴料制成的，并结合了器型、底书、画艺画法为一体，他断定这是一件真品。

此时，曹文中按捺住自己的狂喜，不动声色地坚持跟卖家讨价还价，终于，双方在3800元的价位上达成了共识。几年以后，另一件宣德年间的官窑瓷器，在北京拍卖会上以600万元成交了，随着这场拍卖会的结束，曹文中手中那只同年的官窑小碗，市价已经涨到了300万元，他的收益可谓高达千倍！

这件事发生以后，曹文中便认准了耐心与勤奋这两个词！

在案例中我们不难看出，曹文中投资艺术品不在于多，而在于精，因为只有投资精品才能赚到钱，对于艺术品投资来说，我们购买的再多，也抵不过一件具有艺术价值的藏品潜力大。因此，收藏物品精美与否是投资的一项重要标准，虽然历朝历代都有着代表性的物品，但越精美艺术价值才会越高，当遇到这类藏品时，不妨以重金买下，因为在收藏界，精品是最具价值的。

收藏是一门综合的艺术学科，不仅考察着投资者的眼力，还考验了投资者的耐心与心理素质，其实，曹文中收藏瓷器的成功，还给了所有投资者们一个启示，目前正是瓷器大热的时候，许多瓷器的升值潜力都十分巨大，但这往往需要投资者以耐心与勤奋去“捡漏”！